글 김성화·권수진

부산대학교에서 생물학, 분자생물학을 공부했습니다. 《과학자와 놀자》로 창비 좋은어린이책 상을 받았습니다. 첨단 과학은 신기한 뉴스거리가 아니라 물리 법칙으로 가능한 과학 세계의 이야기라는 것을 들려주려고 '미래가 온다' 시리즈를 쓰기 시작했고, 지금까지 《미래가 온다, 로봇》, 《미래가 온다, 나노봇》, 《미래가 온다, 뇌 과학》, 《미래가 온다, 바이러스》, 《미래가 온다, 인공 지능》, 《미래가 온다, 우주 과학》, 《미래가 온다, 게놈》, 《미래가 온다, 인공 생태계》가 출간됐습니다.
《고래는 왜 바다로 갔을까?》, 《과학은 공식이 아니라 이야기란다》, 《파인만, 과학을 웃겨 주세요》, 《우주: 우리우주에 무슨 일이 있었던 거야?》, 《지구: 넓고 넓은 우주에 기적이 하나 있어》, 《뉴턴》, 《만만한 수학: 점이 뭐야?》 등을 썼습니다.

그림 이철민

출판 기획 또는 글을 쓰는 그림 작가입니다. 1994년부터 다양한 이슈를 다루는 저널, 광고 그리고 아이들을 위한 동화에 그림을 그렸습니다.
그린 책으로 《박문수전》, 《이순신과 명량대첩》, 《창경궁의 동무》, 《여우누이》, 《내 이름》, 《미래가 온다, 로봇》, 《미래가 온다, 인공 지능》이 있으며, 쓰고 그린 책으로 일상을 담은 수필집 《글그림》을 출간했습니다.

미래가 온다 로봇

와이즈만 BOOKs

미래가 온다 로봇

1판 1쇄 발행 2019년 1월 21일 | 1판 12쇄 발행 2025년 6월 15일

글 김성화 권수진 | 그림 이철민 | 발행처 와이즈만 BOOKs

발행인 염만숙 | 출판사업본부장 김현정 | 편집 김예지 양다운 이지웅
기획진행 임형진 | 디자인 권석연 | 마케팅 강윤현 백미영 장하라

출판등록 1998년 7월 23일 제1998-000170 | 제조국 대한민국
주소 서울특별시 서초구 남부순환로 2219 나노빌딩 5층
전화 마케팅 02-2033-8987 편집 02-2033-8983 | 팩스 02-3474-1411
전자우편 books@askwhy.co.kr | 홈페이지 mindalive.co.kr | 사용연령 8세 이상
ISBN 979-11-87513-58-2 74300 979-11-87513-57-5(세트)

ⓒ 2019, 김성화 권수진 이철민 임형진
이 책의 저작권은 김성화, 권수진, 이철민, 임형진에게 있습니다.
저자와 출판사의 허락 없이 내용의 일부를 인용하거나 발췌하는 것을 금합니다.

잘못된 책은 구입처에서 바꿔 드립니다.

와이즈만 BOOKs는 ㈜창의와탐구의 출판 브랜드입니다.
KC마크는 이 제품이 공통안전기준에 적합하였음을 의미합니다.

미래가 온다
로봇

김성화·권수진 글 | 이철민 그림

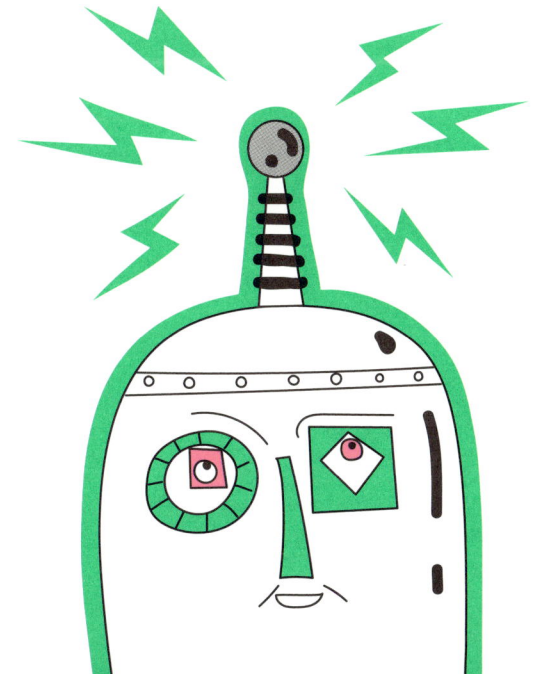

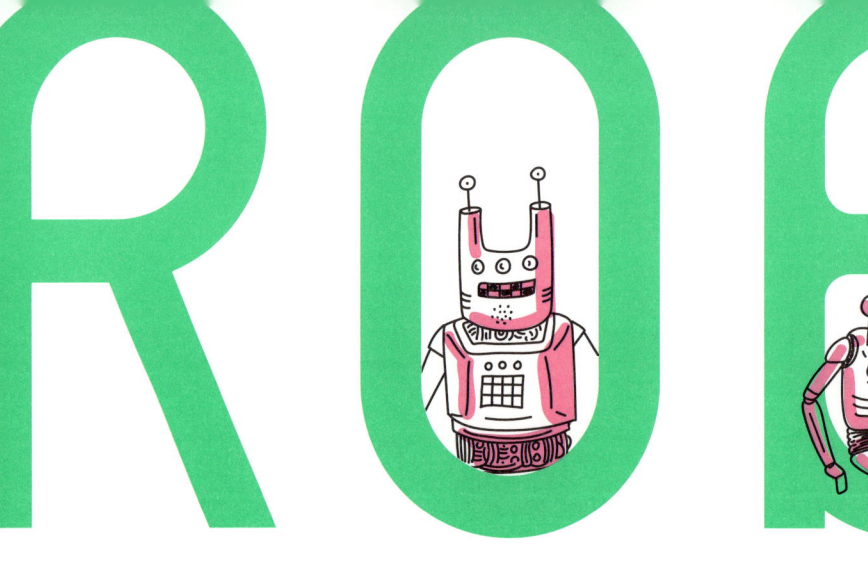

안녕! 내 이름은 로보타야.
나는 '로숨의 만능 로봇' 회사에서 태어났어.
나의 이름을 따라서 사람들이 우리 종족을 '로봇'이라고
부른다는군.
카렐 차페크가 알면 기뻐할 거야.

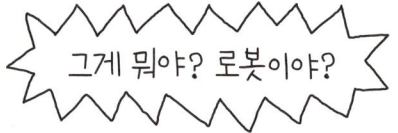
그게 뭐야? 로봇이야?

아니, 사람이야.
1920년에 카렐 차페크 씨가 희곡 속에서 우리를 태어나게 해
줬어. 우리는 무대에도 올랐어. 지잉 철커덕 지잉! 좋은
시절이었어. 카렐 차페크 씨는 우리를 별로 좋아하지
않았지만 말이야.

왜?

카렐 차페크 씨는 우리가 점점 더 많아지고 똑똑해져서,
반란을 일으키고 인류를 멸망시킬 것이라고 걱정했거든.
연극은 정말로 그렇게 끝이 나!
지금이 언제야? 서기 몇 년이야?
인류는 어떻게 되었어?
로봇은?
설마 우리 종족이 벌써 인류를 멸망시켜 버렸어?
나는 사람 아이가 좋아. 로봇끼리 이야기하는 건 정말
별로야.
누구야, 너! 혹시? 로봇이야?

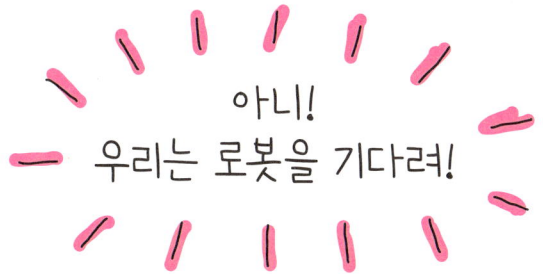

차례

01 로봇이 온다 9
02 로봇이 뭐야? 17
03 로봇을 어떻게 만들까? 21
04 로봇의 조상 29
05 최초의 디지털 자율 이동 로봇 세이키 35
06 로봇의 뇌 45
07 로봇을 어떻게 똑똑하게 만들까? 53
08 동물 로봇이 더 똑똑하다 61
09 생체 모방 로봇 69
10 로봇이 인간과 교감할 수 있을까? 77
11 로봇에게 이야기하세요! 83

12 로봇에게 감정이 있을까? 91

13 왜 휴머노이드 로봇일까? 97

14 로봇이 두 발로 걷는 것은 너무 어려워! 103

15 세계 최초의 휴머노이드 로봇 아시모 113

16 휴보가 춤을 춰! 121

17 다르파 로보틱스 챌린지 129

18 로봇에게 상식을 가르쳐 줄 수 있을까? 143

19 원격 현존 로봇 153

20 로봇이 인간이 되는 걸까?
    인간이 로봇이 되는 걸까? 159

21 로봇이 지구를 물려받을까? 165

로봇이 언제 올까?
만화와 영화에는 귀엽고 괴팍하고 멋지고 무시무시한
로봇이 많이도 등장하는데, 우리 주변에서는 아직도 로봇을
거의 볼 수 없어. 미래학자들이 예측하기를 2020년쯤 우리
행성에는 거리마다 집집마다 로봇이 넘쳐날 것이라고
했는데 말이야.
로봇들이 도대체 어디 있담!
세계 곳곳 로봇 공학 연구소에서 요란한 소리가 들려오지만
아직 연구실 문을 박차고 거리로 나온 로봇은 없어!

최초의 산업용 로봇
유니메이트

유니메이트는 유명해져서 TV 쇼에 출연했어.
사회자의 명령대로 골프 공을 집어서 컵에 넣고,
맥주를 따르기까지 했다니까!
팔을 흔들며 오케스트라를 지휘하는 흉내도 냈어.
지금 공장에서 일하는 산업용 로봇 팔들이
바로 유니메이트의 후예들이야.

자동차 공장에서 일하는 로봇은 많아. 지잉 철커덕 칙! 무쇠 팔 로봇들이 하루 종일 자동차 부품을 조립하고 용접을 해. 페인트를 칠하고 문짝을 달고 무거운 짐을 들어서 옮겨. 과학 실험실에서는 연구 조교 대신 로봇이 화학 약품을 정확히 재서 시간에 딱딱 맞춰 시험관에 넣어 줘.

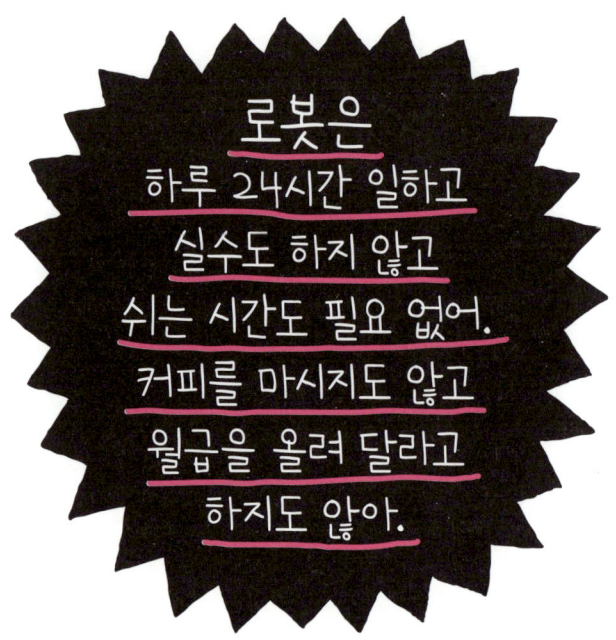

로봇은
하루 24시간 일하고
실수도 하지 않고
쉬는 시간도 필요 없어.
커피를 마시지도 않고
월급을 올려 달라고
하지도 않아.

로봇은 회장님들이 아주 좋아하는 노동자야. 로봇 덕분에 회장님들은 부자가 돼. 로봇 때문에 사람들은 일자리를 잃어.

로봇에게도 세금을 물려야 해!

집에는 청소 로봇이 있어. 하지만 그건 그냥 동그랗고 납작해. 바퀴를 달고 하루 종일 지루하게 거실 바닥을 돌아다녀.

하지만 우리는 좀 더 멋진 로봇을 원해. 나랑 같이 놀아 주고, 숙제를 도와주고, 잠이 올 때 소곤소곤 귀를 파 주는 로봇! 학교에도 같이 갈 거야. 하루 종일 나를 따라다녀. 귀찮으면 집에 있으라고 할 거야!

엄마와 아빠는 가사 도우미 로봇을 좋아하겠지? 냉장고를 채워 주고, 요리를 하고, 식탁을 치워 주는 로봇이 있다면 좋을 텐데. 재활용 쓰레기를 분리하고, 빨래를 널고 개고 옷장에 척척 넣어 주고 말이야. 동생을 돌봐 주는 로봇이 있다면 얼마나 좋을까? 출근할 때는 로봇 자동차를 타고, 로봇 비서와 함께 일하는 거지.

그런 날이 올까? 정말 올까? 도대체 언제 오지? 100년 뒤에? 50년 뒤에? 30년 뒤에? 아무도 모르는 일이야!

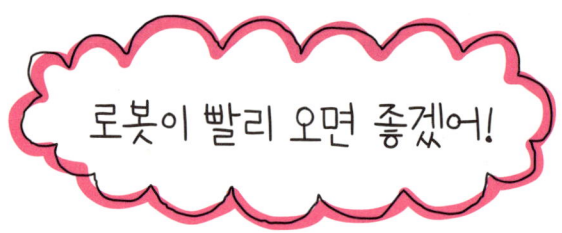

로봇이 빨리 오면 좋겠어!

우린 멋진 로봇을 원해!

기다리기가 너무 지루하다면 로봇의 역사를 공부해. 로봇이 얼마나 힘들게 여기까지 왔는지, 로봇을 움직이고 똑똑하게 만들기가 얼마나 어려운지 안다면 아무도 불평하지 못할 거야.
로봇을 좋아해?
그렇다면 네가 할 일은 무궁무진해.
로봇의 세계는 무궁무진해!

02 로봇이 뭐야?

'로봇'이 무슨 뜻일까?
사전에는 이렇게 나와 있어.
'주어진 일을 자동으로 처리하거나 작동하는 기계.'
'사람을 대신해 힘들고 어려운 여러 작업을 할 수 있도록
만든 기계 장치.'
그런 거라면 얼마든지 많아. 음료수 자판기도 그렇게 하는걸.
전기밥솥도 그렇게 하고, 식기세척기도, 세탁기도! 이런 것도
로봇일까?
그렇다고 할 수 있어.
그럼 전 세계의 웹을 돌아다니며 웹 문서에서 검색어를 모아
오는 검색 엔진은 어때? 사람 대신 주어진 일을 정말로
재빨리 자동으로 처리해 주니까 로봇이라고 부를 수 있지
않을까? 검색 엔진이 하는 일을 네가 직접 한다고 상상해 봐.
도서관과 박물관을 찾아다니며 수많은 책과 신문, 백과사전,
그림을 뒤지고, 전문가를 찾아가 직접 질문을 하고 다닌다고

말이야! 사전대로라면 구글 웹도 당당히 로봇이라고 부를 수 있어!
하지만 어쩐지 그런 건 로봇이 아닌 것 같아.
왜 그럴까?

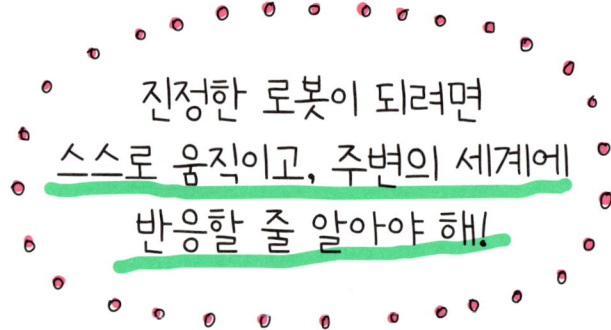

진정한 로봇이 되려면 스스로 움직이고, 주변의 세계에 반응할 줄 알아야 해!

태엽 장치로 움직이는 동물이나 인형은 로봇이 아니야.
우리는 진정한 로봇을 원해. 한곳에 붙박인 채 똑같은 것만
지루하게 반복하는 기계 팔이나 보이지도 않는 곳에서
은밀하게 무언가를 하는 기계 장치가 아니라,
환경에 반응하며 스스로 움직이고 돌아다니는 진짜 로봇!
바로 바로 자율 이동 로봇 말이야!

03

로봇을 어떻게 만들까?

네가 자율 이동 로봇을 만들고 싶다면 반드시 이걸 알아야 해.
동물이 자극에 반응하고 스스로 움직일 수 있는 건, 눈과 코, 입, 귀, 더듬이와 같은 감각 기관이 있고, 감각을 전달해 주는 신경이 있고, 신경 끝에 근육이 있기 때문이야.
우리는 감각 기관으로 보고, 듣고, 냄새 맡고, 촉각을 느껴. 흠흠, 어디선가 맛있는 냄새가 나는걸. 냄새가 나는 쪽으로 저절로 발이 움직여. 앗, 치킨이잖아. 한 조각 집어 들고 입으로 쏙, 턱을 움직여 오물오물. 자, 이제 씹어 먹어! 코로 들어온 감각 정보가 신경으로 전달되면, 네가 근육을 이용해 마침내 치킨을 먹게 되는 거야!

로봇 공학자는 자율 이동 로봇에게 감각 기관과 신경, 근육을
만들어 줘야 해!
로봇에게 눈알을 달고, 코를 붙이고, 입 모양의 구멍을 뚫고,
귀를 붙여 준다고 감각 기관이 될까? 그것들이 느낄 수
있을까? 어림도 없지.

눈, 코, 입 대신 로봇에게 **센서**를 달아 줘!

센서가 바로 로봇의 감각 기관이야. 광센서와 마이크로폰,
초음파 탐지기, 충돌 센서가 눈과 귀, 피부와 더듬이를
대신해 줘. 입은 필요 없어. 로봇이 무언가를 먹고 소화를
시켜서 에너지를 낼 수는 없으니까! 물론 어떤 로봇
공학자는 달팽이를 잡아먹고, 그것을 소화시켜서
에너지원으로 쓰는 로봇을 개발하기도 했어. 하지만 굳이
그렇게 할 필요가 있을까? 동물이나 식물을 먹는 것보다
로봇에게 더 편리한 에너지원이 얼마든지 있는데 말이야.
그게 뭘까. 한번 생각해 봐.

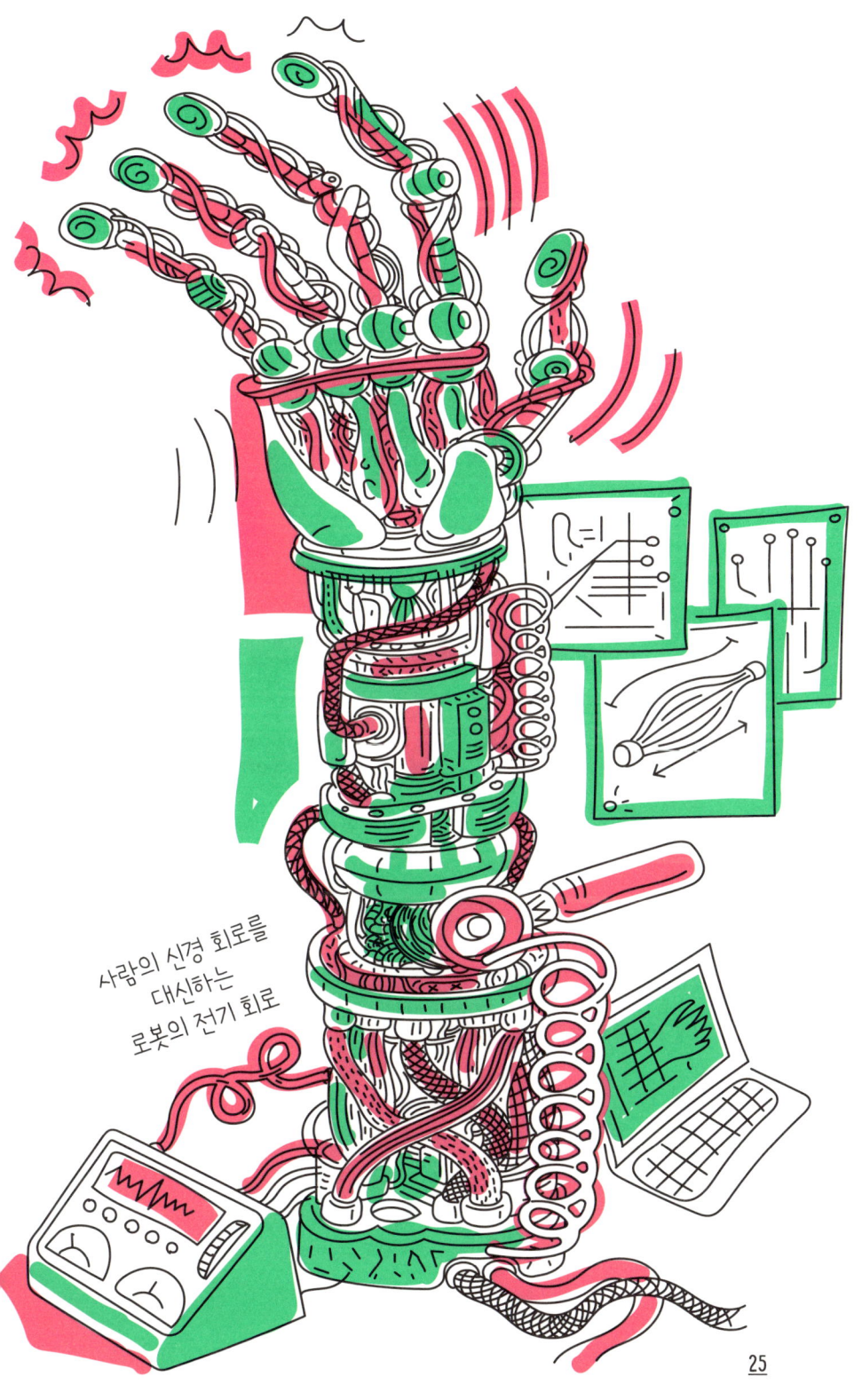

아직 로봇의 코는 없어. 로봇에게 냄새를 맡게 해 주는 건 너무 어려운 기술이야. 코딱지만 후비지 말고 흠흠, 코를 벌름벌름해 봐. 과학 기술이 아직도 구현하지 못한 놀라운 감각 기관이라면 코가 달리 보일걸.

이제 로봇을 움직이게 해 줘야 해. 식물은 스스로 못 움직여. 동물은 근육으로 움직여.

이동하고, 구부리고, 회전하고…… 로봇은 관절마다 모터가 있어.

머리끝부터 발끝까지 사람의 몸 구석구석에는 신경 회로가 뻗어 있어. 로봇은 전기 회로가 뻗어 있어! 전기 회로가 바로 로봇의 신경이야!

전기의 원리를 모른다면 로봇을 만들 수 없어. 그러니까 학교에서 꼬마전구로 맨 처음 전기를 배우고 전류와 전압에 대해 듣게 된다면 열심히 배워 둬. 그 속에 로봇이 움직이는 비밀도 들어 있으니까!

백 년 전에 패러데이와 맥스웰, 톰슨, 아인슈타인 같은 위대한 과학자들이 전기와 전자, 빛의 비밀을 낱낱이 밝혀냈기 때문에 로봇의 몸속에 센서와 전기 회로, 모터를 심고 원격으로 로봇을 움직일 수 있게 되었어!

1948년에 미국의 월터 박사가 최초로 센서와 전기 회로와 모터가 있는 로봇을 만들었어. 엘머는 구두 상자 크기였고, 둥근 플라스틱 껍데기에 싸여 있어서 거대한 달팽이 같기도 하고 거북 같기도 했대. 안타깝게도 엘머가 실제로 어떻게 생겼는지는 아무도 몰라. 사진도 없고, 그림도 없고, 오래 되어서 과학자들도 잊어버렸어.

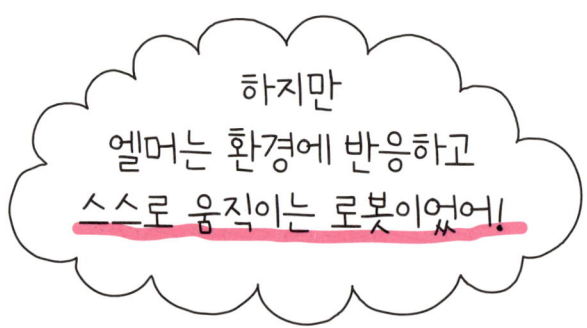

하지만 엘머는 환경에 반응하고 스스로 움직이는 로봇이었어!

충돌 센서와 광센서를 달고 스스로 장애물을 피하고 빛을 향해 움직였어!

엘머는 빛에 이끌려 다니다가 배터리가 떨어지면 스스로 충전 방으로 갔어. 충전이 끝나면 다시 모터의 스위치가 켜지고 스스로 빛을 찾아서 나왔지!

엘머에게는 엘시라는 여자 친구도 있었어. 엘머와 엘시는 월터 박사의 아파트에서 자유롭게 돌아다녔어.

등에는 백열전구가 달려 있었어.

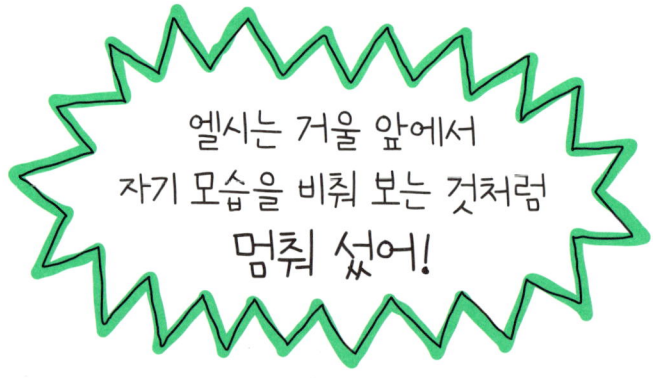

엘시는 거울 앞에서 자기 모습을 비춰 보는 것처럼 멈춰 섰어!

사실은 광센서와 충돌 센서가 함께 작동하기 때문에 그러는 것인데, 엘머와 엘시가 정말로 거울 앞에서 멋을 부리는 것처럼 보였다니까!

엘머와 엘시는 마치 동물들이 서로 짝짓기를 할 때처럼 서로의 주위를 맴돌았어!

엘머와 엘시의 탄생

월터 박사도 깜짝 놀랐지. 엘머와 엘시는 정말로 살아 있는 것처럼 보였어! 센서와 모터, 간단한 전기 회로밖에 없는 기계인데 엘머는 마치 생각하는 것처럼 행동했어.

엘머는 똑같은 길로 다니는 법이 없고, 엘머가 어디로 갈지 아무도 몰라. 과학자도 모르고 엘머도 몰라.

로봇 공학이 탄생하는 순간이야!

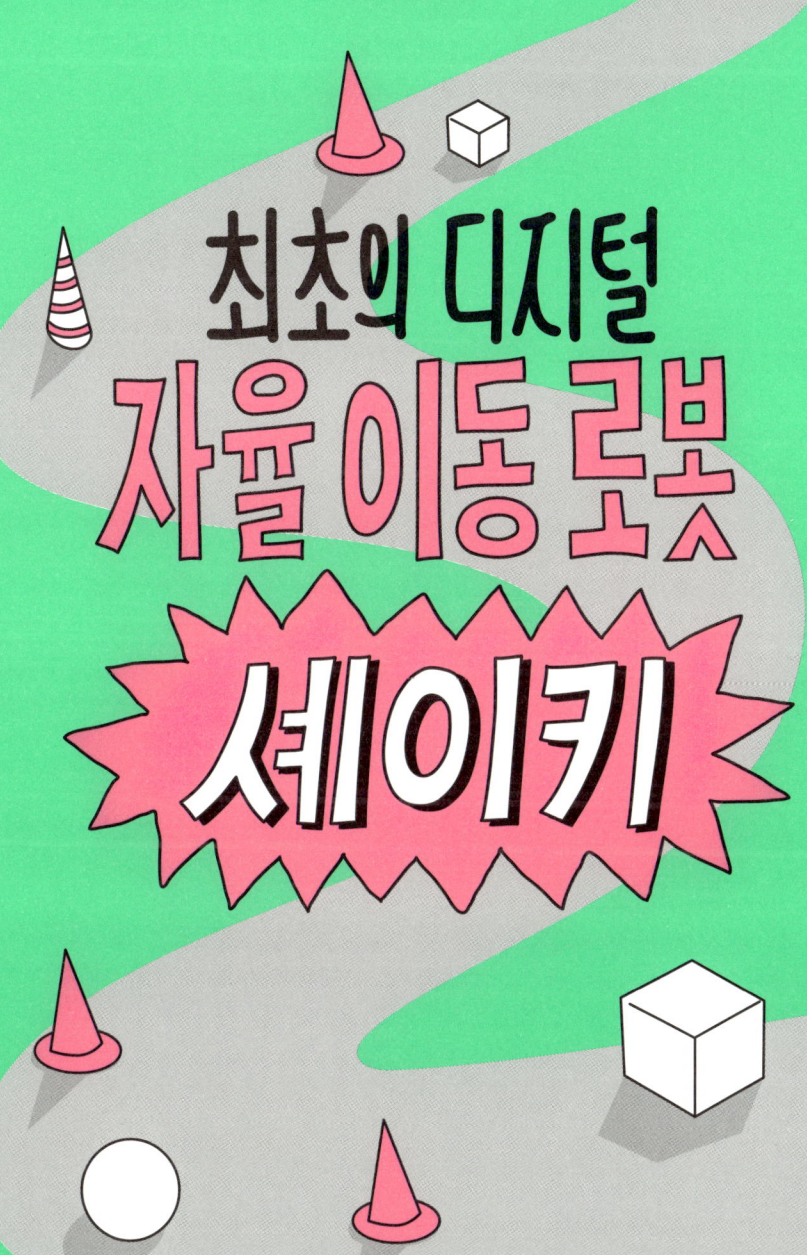

20년 뒤에 새로운 로봇이 등장했어.
이번에는 컴퓨터와 로봇이 결합했어. 로봇에게 감각 기관과 신경, 근육뿐 아니라 뇌가 생긴 거야!
이제 로봇은 훨씬 더 똑똑해졌어. 그런데 컴퓨터가 너무 커서 로봇에 장착할 수 없었어. 그때는 컴퓨터가 방 하나에 가득 찰 정도로 컸어.
할 수 없지.
뇌와 몸통을 멀리 떼어 놓아. 움직이는 로봇을 만들어!
로봇에 라디오와 TV 카메라를 장착하고, 무선 통신으로 컴퓨터와 연결해.
뇌와 몸통을 이어 주는 거야.

셰이키는 과학자가 특별히 만들어 준 조용하고 깔끔한 방에 살았어. 방 안에는 색깔 나무토막과 쐐기 모양 장애물이 흩어져 있었어. 셰이키는 나무토막을 알아보고 색깔을 가려낼 수 있었어!
과학자가 컴퓨터로 셰이키에게 명령을 내려.
틱틱! 틱틱틱! 틱틱틱틱!
'셰이키야! 초록색 나무토막을 밀어서 옆방으로 옮겨!'
지잉!
셰이키는 임무를 수행해. 색깔 나무토막 사이를 헤치고 다녀. 장애물이 나타나면 밀쳐 내!

지잉!
철커덕!
지잉!
셰이키가 옆방으로 초록색 나무토막을 옮겨 놓았어!

7시간이 걸렸어!

'에계계, 겨우 그걸 하는 데 7시간이나?'라고 생각한다면, 최초의 디지털 자율 이동 로봇에게 그게 얼마나 어렵고 힘든 일이었는지를 상상해 봐야 해. 그건 마치 이제 갓 태어난 아기를 사막에 데려다 놓고, 미적분 문제를 풀어 로켓을 설계하고, 그걸 타고 달나라에 갔다 오라는 것만큼이나 어려운 일이었다면 믿을 수 있겠어?

옛날에 컴퓨터는 그렇게 빠르지 못했어. 셰이키가 장애물과 부딪힐 때마다 컴퓨터가 계산을 해. 셰이키가 한 발짝 움직일 때마다 컴퓨터가 경로를 정하고, 셰이키에게 바퀴를 오른쪽으로 돌려라, 왼쪽으로 돌려라, 카메라를 움직여라, 몇 도로 기울여라……. 계산하고 명령을 내려. 그동안 셰이키는 방 가운데 서서 기다려야 해.

셰이키는 아무것도 몰라. 자기가 로봇인지도 모르고, 여기가 어디인지도 모르고, 어떻게 걷는지도 모르고, 아니 걷는 게 무엇인지도 몰라. 앞과 뒤, 오른쪽 왼쪽이 무엇인지도 몰라. 셰이키는 길을 몰라. 과학자가 먼저 방의 지도를 완벽하게 계산해서 컴퓨터 속에 저장해 두는 거야. 바닥은 완벽하게 평평하고 물건들이 겹쳐져 있어서도 안 돼. 바닥이 울퉁불퉁하거나 물건이 조금이라도 다르게 놓여 있기라도 하면 처음부터 다시 계산해야 해.

명색이 로봇이고 뇌가 있는데,
저런! 셰이키가 너무 불쌍해 보여!
셰이키는 덩그러니 인간 세상의
방바닥에 놓여 있어.
셰이키는 모든 게 너무 낯설어.

방바닥도,

나무토막도,

색깔도!

방 안을 실제 세계처럼 만들어 놓으면 컴퓨터를 프로그래밍하기가 너무 복잡하고 어려워. 과학자는 주변 환경을 최대한 단순하게 만들어 로봇을 시험해. 셰이키에게 색깔 나무토막 한 가지를 옮기게 하는 데만도 환경을 최대한 단순하게 만들어 줘야 해. 하지만 진짜 세상은 그렇지 않은걸. 방 안에는 책상과 의자, 카펫, 어질러진 장난감, 축구공, 베개, 먼지…… 셰이키가 알지 못하는 너무 많은 배경과 요소들이 있어.

그런 세상에서 로봇을 움직이게 한다는 건 도대체 어떤 일일까?

로봇은 쉽고 재미있게 보이지만 결코 쉬운 녀석이 아니야. 보기, 걷기, 만지기…… 우리가 0.1초도 생각하지 않고 아무렇지 않게 하는 일들이 로봇한테는 극도로 어려운 일이야. 우리가 사는 평범한 세상이 로봇에게는 극한 환경이라면 믿을 수 있겠어?

진정한 로봇 공학자가 되려면
로봇의 마음으로
~~~~~~~~~~~
로봇의 눈으로
~~~~~~~~~~~
세상을 봐야 해.
깡통이 되어 모든 것을
처음 보는 것처럼!

셰이키를 보고 있으면 이상한 기분이 들어. 고철 덩어리인데도 어딘가에 눈과 코와 입이 있는 것만 같아. 셰이키는 말 그대로 덜거덕거리는 고물 로봇이었지만, 최초의 디지털 자율 이동 로봇으로 손색이 없어. 언젠가 박물관에서 셰이키를 보게 된다면 셰이키의 이야기를 꼭 기억해 줘.

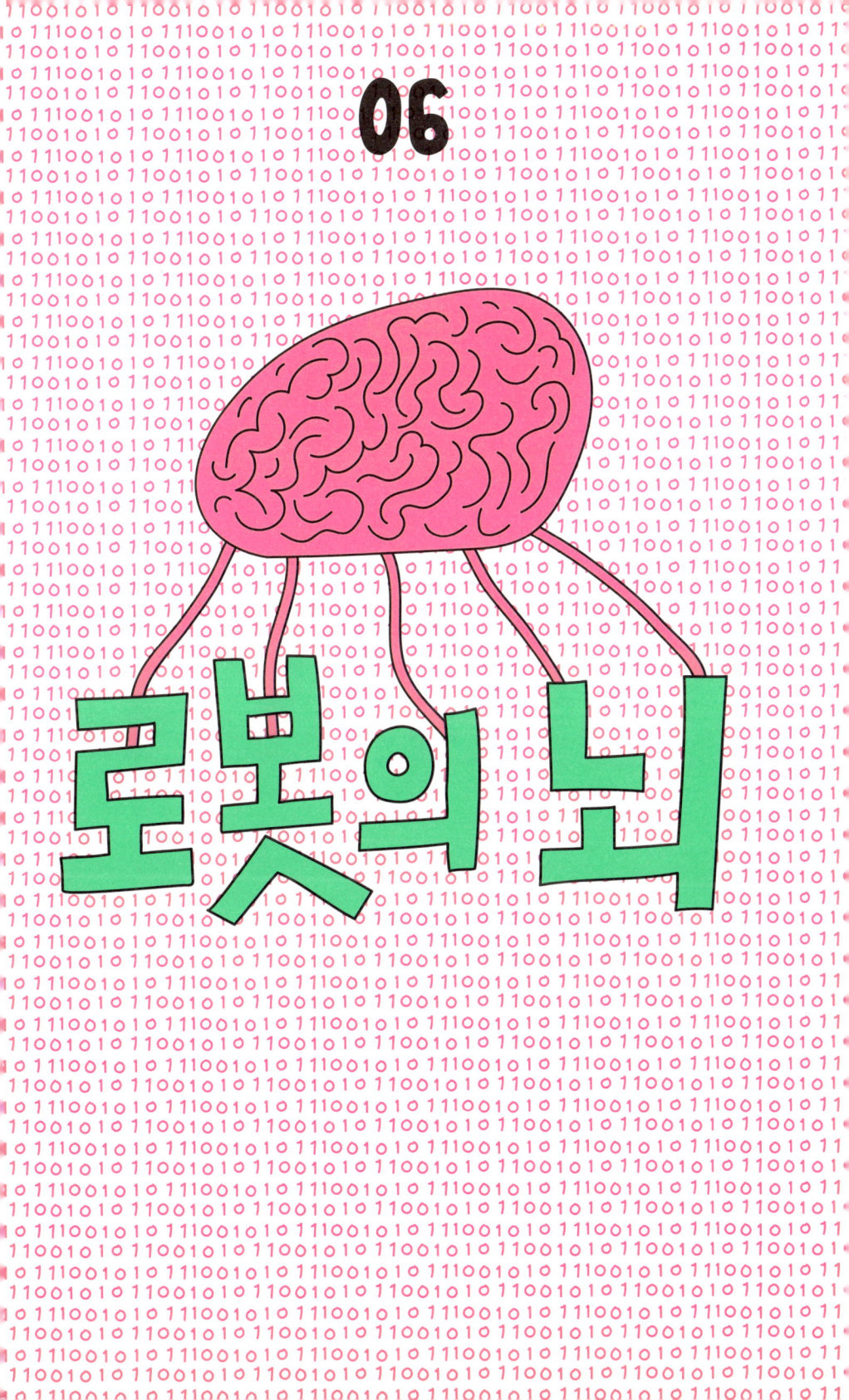

컴퓨터의 성능은 매일매일 발전했어. 속도는 점점 더
빨라지고, 크기는 점점 더 줄어들고!
사람들은 컴퓨터와 로봇이 결합하면 로봇이 금방 똑똑해질
줄 알았어. 실제로 컴퓨터는 점점 더 똑똑해지고 있었어.
컴퓨터가 어려운 수학 문제를 풀고, 수학자처럼 증명하고,
퀴즈를 풀고, 의사처럼 병을 진단해.
'이제 로봇이 똑똑해지는 건 시간 문제야!'
인공 지능 과학자들은 인간만큼 똑똑한 기계를 만들겠다고
마음먹었어. 프로그램을 짜고 논리적으로 완벽한 컴퓨터
명령 체계를 만들어 준다면, 로봇이 똑똑해질 거라 믿었어.
하지만 그렇지 않았어! 컴퓨터는 어려운 수학 문제를 척척
풀고, 체스 챔피언을 이기고, 로켓을 지구 밖으로 쏘아
올리고, 인공위성의 궤도를 계산할 수 있어. 하지만 로봇은
바퀴벌레만큼도 똑똑하지 못해!

인공 지능 과학자들은 로봇 공학자들의 실력이 부족해서 그렇다고 생각했어. 머리만 쓰는 사람은 직접 손을 쓰며 일하는 사람을 얕잡아 보는데, 과학의 세계에서도 예외가 아니야. 인공 지능 과학자들은 로봇 공학자와 기계 공학자들이 로봇을 제어하는 기술이 부족하다고 생각했어.

과학자들은 인간의 뇌를 흉내 내어 수학자처럼 똑똑한 컴퓨터도 만들었는데, 인간의 뇌가 1초도 생각하지 않고 할 수 있는 일을 컴퓨터가 못하는 거야!
로봇의 뇌가 너무 멍청해!
어려운 수학을 잘하는 컴퓨터가 보고, 듣고, 기고……
아기라면 1초도 생각하지 않고 할 수 있는 일을 할 수 없다니!

로봇은 멍청해

하지만 사실이야. 컴퓨터는 체스를 두는 것보다 풍선과 의자를 구별하는 게 훨씬 더 어려워! 어려운 수학 문제를 푸는 것보다 교실에서 복도로 가는 게 훨씬 더 어려워.

사람한테 어려운 일이
컴퓨터한테는 쉽고,
사람한테 쉬운 일이
컴퓨터한테는
그렇게 어렵다니!

사람한테는 수학이 가장 어려워. 컴퓨터가 사람보다 수학을 더 잘하니까 컴퓨터에게 수학보다 더 쉬운 것을 시키는 것은 별로 어려운 일이 아닐 거라고 생각했어.
하지만 아니었어. 컴퓨터에게 수학을 가르치듯이, 보고 듣고 걷기를 가르치기는 너무 어려워!
수학은 규칙으로 가르칠 수 있지만, 사람이 보고 듣고 걸을 때는 규칙이 없어! 아기는 머릿속으로 계산하고 규칙을 배워서 보고 듣고 걷는 게 아니야.

방 안에 카펫이 깔려 있고 의자와 책상, 장난감이 어질러져 있다고 해 봐. 아기를 방에 내려놓으면, 아기는 카펫 위를 쪼르르 기어가 장난감을 쥐어. 장애물을 피해 다녀.
1초도 생각하지 않고 그냥 행동해.
아기가 보고, 듣고, 만지고, 기어 다닐 때 아기의 뇌 속에서 무슨 일이 벌어지는 걸까? 아기의 뇌 속에는 생명체가 수십억 년 동안 배우고 익힌 경험이 간직되어 있어. 그것이 어떻게 뇌 속에 쌓이는지 아기도 모르고 과학자도 몰라. 우리는 그걸 본능이라고 불러.

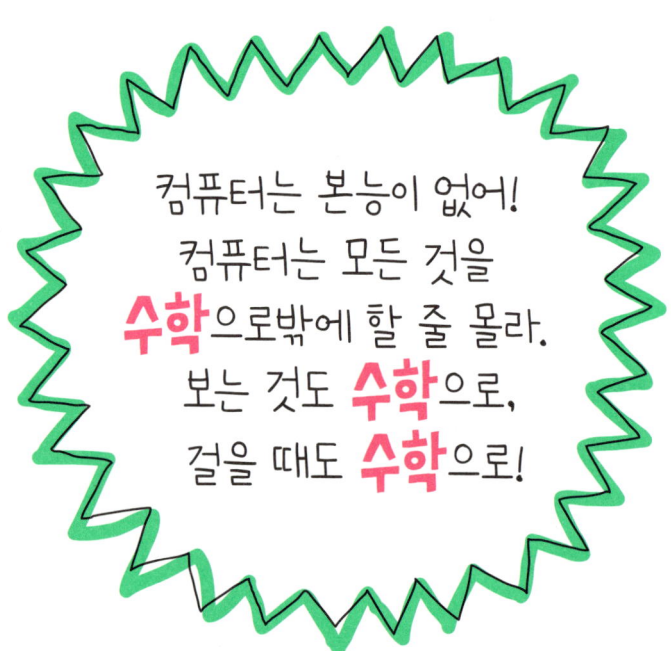

컴퓨터는 본능이 없어!
컴퓨터는 모든 것을
수학으로밖에 할 줄 몰라.
보는 것도 **수학**으로,
걸을 때도 **수학**으로!

로봇의 뇌는 이렇게 해. 로봇에 달려 있는 카메라가 책상을 찍어 컴퓨터로 전송해. 컴퓨터는 모든 것을 점으로 인식해. 점의 모임을 계산한 뒤에 그것이 직선인지, 곡선인지, 세모인지, 네모인지 구별해. 그리고 자기의 기억 장치에 있는 데이터와 비교해서 그것의 정체를 파악해. 이렇게 하려고만 해도 어마어마한 계산을 해야 하는데, 그런 다음에야 컴퓨터는 간신히 그것을 책상이라고 인식해.
하지만 로봇이 책상을 보는 자세가 조금이라도 바뀌면? 이런! 책상이 아닌가? 컴퓨터는 처음부터 다시 계산해! 조금이라도 다른 것이 나타날 때마다 명령이 100줄씩 늘어나! 그느라고 로봇이 그렇게 굼뜬 거야. 로봇이 장애물을 피해 빠르게 이동하는 건 아직도 너무 어려워. 컴퓨터와 카메라 기술이 눈부시게 발전해도 자율 이동 로봇의 주행 능력은 파리나 모기만큼도 못해. 파리는 온갖 장애물을 피해 유유히 날아다녀. 번개보다 빠르게 파리채를 피해. 로봇은 슈퍼컴퓨터 뇌를 달아도, 파리만큼도 모기만큼도 영리하지 못해!

로봇 공학자들은 로봇에게 우리가 사는 진짜 세계 속에서
움직이게 해 주고 싶어해. 하지만 그 길은 너무 멀고 어려워.
컴퓨터에게 사물과 세계를 인지하게 하는 방법이 너무나
복잡하고 어렵기 때문이야. 세계는 변화무쌍하고, 언제
어디서 무슨 일이 일어날지 몰라. 논리로만 되어 있는
수학식처럼, 네모난 체스 판처럼 세계는 그렇게 단순하지가
않아. 세 살 아이도, 모기도 하는 일을 컴퓨터는 아직도 할 수
없어.

07 로봇을 어떻게 똑똑하게 만들까?

컴퓨터 과학자와 철학자와 심리학자, 신경 생물학자,
뇌 과학자가 골머리를 앓는 동안 괴짜 로봇 공학자가
나타났어.
MIT 공과 대학 로봇 공학 연구소의 로드니 브룩스 박사는
생각했어. 파리와 모기는 어떻게 그렇게 똑똑해졌을까?
뇌 속에 컴퓨터가 없어도 파리와 모기는 재빨리 적을 피하고
장애물을 피해 다녀. 아, 저것은 파리채구나, 저것은
기둥이구나 생각하지 않아. 그냥 피해! 파리와 모기는 어떻게
그렇게 할까?
로봇을 똑똑하게 만들어 주는 방법은 생각 상자를 없애
버리는 거야!
생각하지 말고 부딪치고 행동하라!
로드니 브룩스 박사는 컴퓨터에게 아주아주 간단하게
세 가지 명령만 주기로 했어.

첫째 충돌을 피하라!

> 첫 번째 명령을 잘 지킨다면, 로봇은 충돌할 걱정 없이 아주 잘 돌아다닐 거야.

둘째 계속해서 움직여라!

셋째 흥미로운 것이 나타나면 머리를 돌려라!

앞에 무엇이 나타나도 전혀 상관하지 않아. 그게 무엇인지 계산하거나 알아볼 필요도 없어. 생각하지 마!
하지만 흥미로운 것을 발견하면 멈춰! 세 번째 명령이 작동하는 거야.
로봇에게 흥미로운 게 있을까? 그게 뭘까?
로드니 박사가 정해 준 건 '진한 색깔 물체'와 '갑작스럽게 들리는 커다란 소리'였어!
진한 색깔을 보거나 커다란 소리를 들으면 로봇이 머리를 돌려!
머리를 돌렸는데, 몇 초 동안 아무 일이 없다면?
다시 움직여!
왜?
지루하니까!
중요한 건 로봇이 아무것도 모른다는 거야. 그런데도 로봇이 무엇을 신기해하는 것처럼, 마치 지루해하기라도 하는 것처럼 보여!
로드니 브룩스는 로봇 학회에 참가했어. 자기가 만든 로봇 '알렌'을 데리고! 로드니 브룩스가 발표했을 때 과학자들은 콧방귀도 뀌지 않았어.

저게 로봇이라고?

'애송이 로봇 공학자의 멍청한 생각이야!'
'어려운 수학식도 없고, 두툼한 컴퓨터 명령 체계도 없잖아.'
'이런 것은 결코 진지한 로봇 공학 연구라고 할 수 없어!'
'쯧쯧, 안됐군. 출셋길을 스스로 마다하다니!'
괴짜 공학 박사는 아랑곳하지 않고, 로봇을 회의장 바닥에 내려놓았어. '멍청한' 알렌은 벽에도 난간에도 부딪히지 않고 빠른 속도로 돌아다녔어. 왜냐하면 알렌은 생각을 안 하니까! 앞에 무엇이 있는지, 사람이 있는지, 물건이 있는지, 그게 무엇인지 알려고 하지 않아. 알 필요가 없으니까!
알렌은 사람들이 사방에서 에워싸도 잘도 빠져나갔지. 절대로 아무것에도 부딪히지 말라고 명령해 놓았으니깐! 모두가 깜짝 놀랐어. 눈으로 보면서도 믿을 수 없었지!

인공 지능 과학자들은 콧방귀를 뀌었어. 기다란 컴퓨터 명령 체계로 로봇을 제대로 똑똑하게 만들어야 한다고 생각했어. 컴퓨터로 환경을 제대로 인지하고, 명령에 따라 움직이는 멋진 로봇을 말이야!

하지만 로드니 박사는 다른 길을 택했어. 컴퓨터에게 세계를 인지하게 하는 일은 너무나 복잡하고 어려워! 컴퓨터 명령 체계로 둥근 것과 네모난 것, 딱딱한 것과 부드러운 것, 돌멩이와 콩, 강아지와 고양이를 완벽하게 구별하게 할 수 있을까? 이 세상에 있는 모든 것을 컴퓨터가 인지하려면 컴퓨터가 지구만큼 커야 할 거야. 한 가지 일을 시키려 해도 속도가 달팽이보다 더 느려!

인공 지능 과학자들이 컴퓨터에게 세계를 제대로 가르쳐 주려고 골머리를 앓는 동안, 로봇 공학자는 그냥 움직이는 로봇을 만들어. 간단한 센서와 모터, 용수철과 전자 기계 회로로 움직이는 로봇을 만들고, 컴퓨터 프로그램은 최고로 단순하게!

로봇 청소기가 바로 이런 원리로 만들어진 거야! 로봇 청소기는 멍청하게 보여. 뭐가 의자고, 뭐가 책상이고, 뭐가 카펫인지 몰라. 그냥 부딪히지 않고 열심히 돌아다니면서 먼지를 빨아들여! 청소를 아주 잘해!

로봇은 대부분 바퀴로 굴러다녀. 자연에서 진화한 어떤
생물도 바퀴로 굴러다니지 않는데 말이야. 바퀴는 편평한
곳에서 잘 굴러가.
하지만 세상은 결코 편평하지 않아. 울퉁불퉁, 삐뚤삐뚤,
오르막 내리막 돌부리가 차이고, 언덕이 나타나고,
계단이 기다리고 있어! 로봇이 어디로든 갈 수 있으려면,
로봇도 발을 딛고 걸어야 해!
세계 곳곳 로봇 공학 연구소에서 인공 지능 과학자들과 로봇
공학자들이 바퀴 없이 로봇을 걷게 해 주려고 노력했어.
로봇이 다리를 가지고 균형을 유지하며 걸을 수 있도록
엄청나게 어려운 컴퓨터 프로그램과 공학 기술에 도전했지.

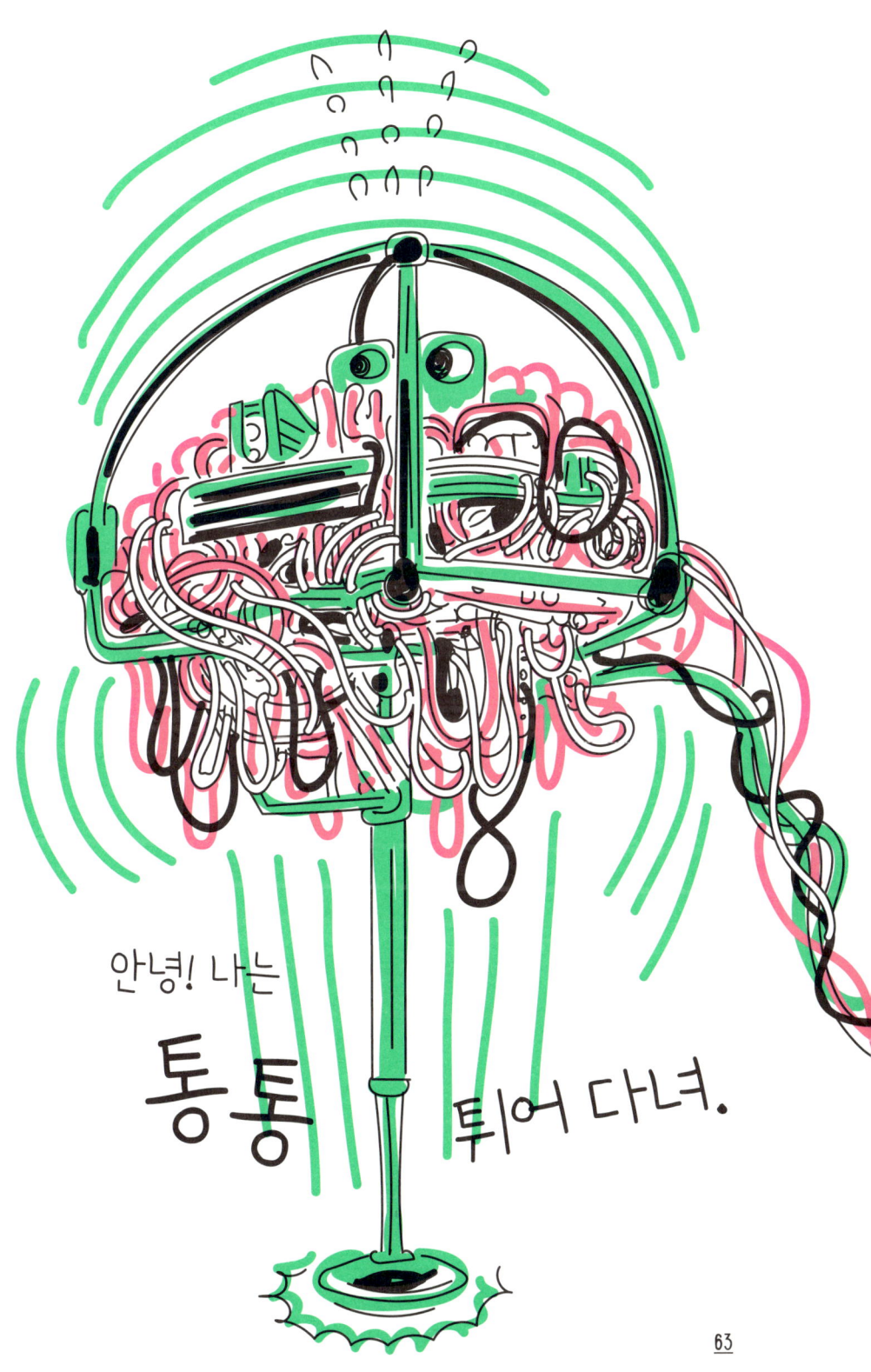

너는 아무 생각도 하지 않고 걸어 다니기 때문에 로봇에게 걷는 것이 얼마나 어려운 일인지 상상도 할 수 없을 거야. 그건 인류가 최초로 하늘을 날아야겠다고 생각한 것만큼이나 어려운 일이었어.

MIT 인공 지능 연구소의 마크 레이버트 박사가 최초로 다리 로봇을 만들었어. 몸통도 없고, 껑충껑충 뛰는 막대기 로봇이야. 하지만 그건 균형을 유지하기 위해 꼴사납게 계속 깡충거려야 했어.

또 다른 공학자가 다리가 2개 있는 로봇을 만들었지만, 그건 똑바로 앞으로밖에 가지 못했어. 로봇이 걸을 수 있다는 걸 보여 주는 것밖에는 할 수 있는 일이 아무것도 없었어.

이번에도 괴짜 로봇 공학자 로드니 브룩스가 나섰어. 로드니 브룩스 박사는 어느 날 곤충 비디오를 보다가 충격에 빠졌어. 곤충들은 균형을 잡는 일 따위는 별로 신경 쓰지 않는 것 같았어.

자연의 곤충들은 거칠고 울퉁불퉁한 땅에서 발을 헛디디고, 비틀거리고, 벌러덩 자빠져 버려. 하염없이 발버둥을 치다 우연히 다시 몸을 뒤집으면 아무 일 없었다는 듯이 유유히 걸어가는 거야!

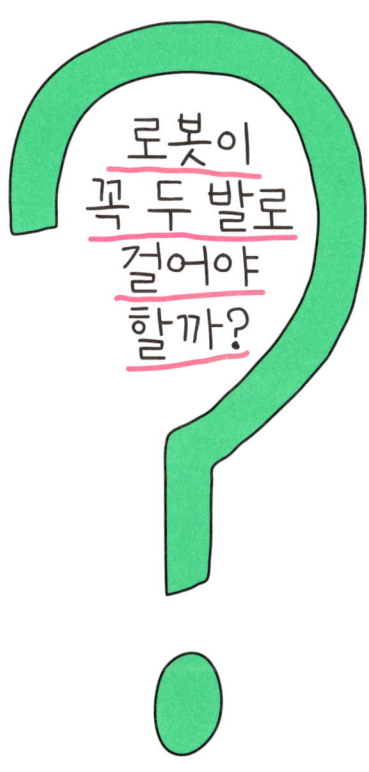

로드니 박사는 당장 벌레처럼 기는 로봇을 만들기로 결정했어. 곤충처럼 수없이 쓰러지고 비틀거려도, 어떤 지형에도 기어 다닐 수 있는 로봇이라면 어떨까? 그런 로봇이라면 어마어마하게 복잡한 컴퓨터 프로그램은 필요 없어. 음료수 자판기에 어울리는 간단한 소프트웨어만으로도 충분해.

몇 달 뒤에 곤충 로봇 징기스가 태어났어. 몽골 제국의 정복자 칭기즈 칸처럼 거침없이 앞으로 나아가는 로봇이 되라고!

징기스는 곤충처럼 다리가 여섯 개야. 앞쪽에 구슬 모양 적외선 센서를 달고 있어서 눈알이 톡 튀어나온 거대하고 딱딱한 곤충처럼 보여.

보통 때는 다리를 펼치고 납작하게 주저앉아 있어. 전원을 켜면 징기스는 살아나! 앞쪽에 적외선 센서가 열이 나오는 물체를 쫓아가도록 설계되어 있어.

징기스에게 무엇을 쫓으라고 명령하는 사람은 아무도 없어.
징기스는 마치 스스로 그렇게 하고 싶다는 듯이 목표물을
쫓아 기어가! 사람이 나타나면 열심히 쫓아가.
사람에게서 따뜻한 체온이 뿜어져 나오기 때문이야.
징기스를 보러 간다면 조심해. 끝까지 너를 쫓아올지 몰라.

어두컴컴한 실험실에서 로봇 공학자들이 바퀴벌레, 지네와 무얼 하는 걸까?

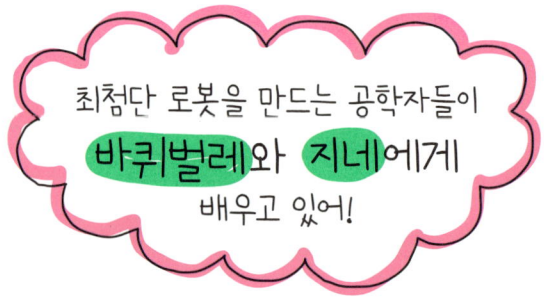

'바퀴벌레는 다리 6개로 어떻게 그렇게 빨리 달릴까?'
'지네는 40개나 되는 다리로 어떻게 앞으로 나아가지? 다리가 걸리적거리지는 않을까?'
'어떤 다리가 땅에 닿고, 어떤 다리가 공중에 들리는 거지?'
지네가 느릿느릿 걸어가! 지네는 다리를 3~4개씩 무리 지어 움직여! 한 조가 땅에 닿을 때, 다른 조가 들려 올라가!
로봇 공학자들은 바퀴벌레가 1초에 50걸음을 통통 튀며

나는 듯이 내달리는 것을 발견했어. 바퀴벌레에게 꼭 맞는 쳇바퀴를 만들어 주기도 했다니까! 바퀴벌레가 움직일 때마다 뼈와 다리 근육이 어떻게 움직이는지, 다리에 전극을 달고 에너지를 측정하고 바퀴벌레의 움직임을 일일이 컴퓨터로 시뮬레이션 해. 바퀴벌레는 다리에 전극을 주렁주렁 매달고도 쏜살같이 내달려!

뚝딱뚝딱 지잉! 창고 같은 연구실에서 로봇 공학자들이 전선을 연결하고, 공기 압력 장치를 달고, 알루미늄 합금으로 바퀴벌레 로봇을 만들어. 거대한 바퀴벌레 로봇이야! 아직은 걸을 수도 없고 달릴 수도 없지만, 언젠가는 로봇이 걸을 수 있기를 바라면서 로봇 공학자는 매일매일 연구실로 출근해.

홀크 크루제 박사는 실험실에서 20년 동안 대벌레를 키웠어! 낚싯줄로 대벌레의 다리를 묶었다 풀었다, 널빤지에 대벌레를 거꾸로 매달고, 대벌레가 중력을 이기고 거꾸로 걸어가는 것을 관찰해. 어느 날 대벌레를 꼭 닮은 커다란 대벌레 로봇이 탄생해!

동물 로봇을 검색해 봐!

로봇이 바다에서 물고기처럼 헤엄치고, 게처럼 해저를 기어다녀. 나비 로봇이 훨훨 날고, 펭귄 로봇이 하늘을 날아! 로봇 공학 연구소에서는 지금 생물학자와 물리학자, 컴퓨터 과학자와 로봇 공학자가 힘을 합쳐 동물 로봇을 연구하고 있어. 멋진 동물 로봇들이 미래에 무슨 일을 하게 될까?

초경량 나비 로봇

무게 32g, 날개 길이 50cm.
위치 추적 장치와 실내 GPS로
부딪히지 않고 무리 지어 날 수 있어.

뱀 로봇

원하는 모양으로 조립할 수 있는
모듈러 로봇.
뱀처럼 기어 다니다가 다리를 하나씩 떼어
몸체와 연결하면 거미가 돼.

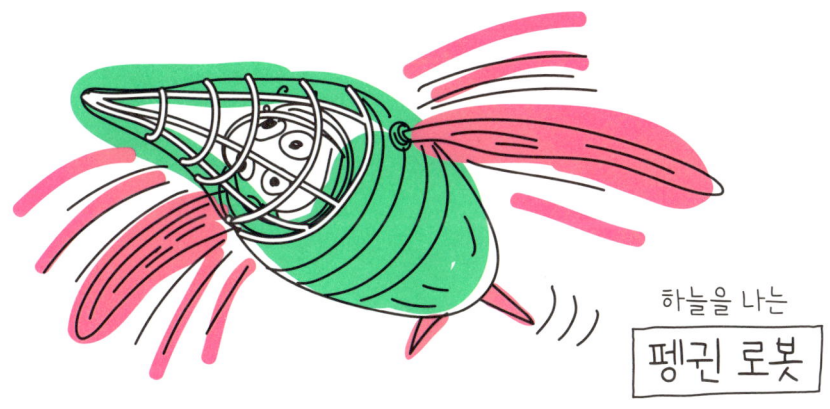

하늘을 나는
펭귄 로봇

키 3.7m, 무게 1kg, 날개 길이 2.48m.
은박지 풍선에 헬륨 가스를 넣었어.
머리와 날개, 꼬리를 움직이며 날아다녀.

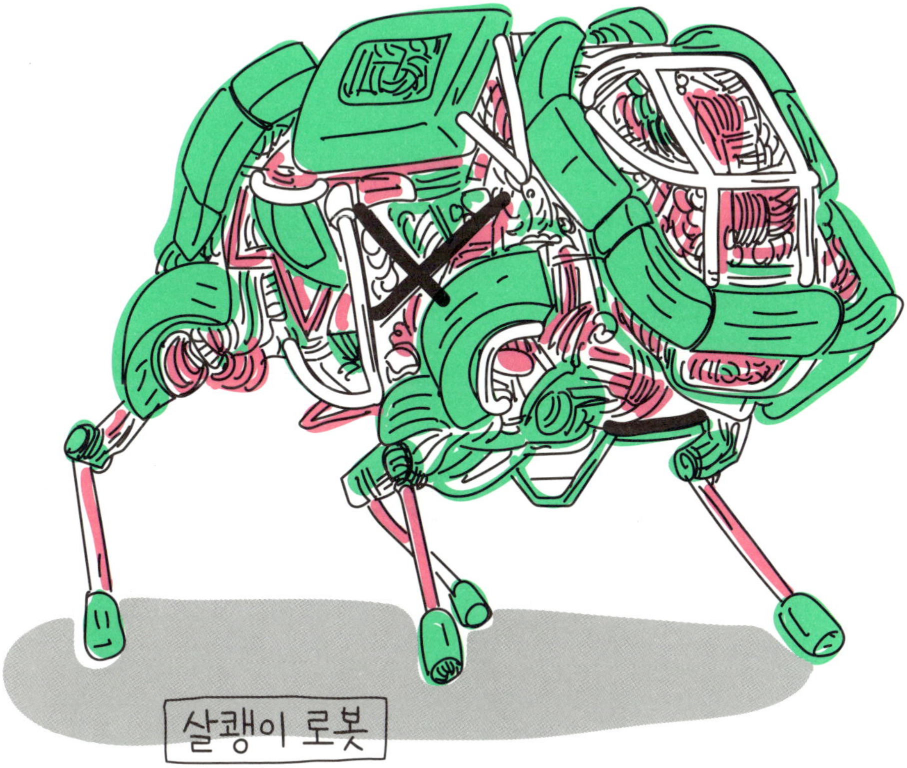

살쾡이 로봇

험준한 오르막, 눈밭에서도 빠르게 걸어 다녀.
군사용 로봇이야. 전쟁터에서 무거운 짐을 운반해.
시속 26km의 속도로 달릴 수 있어.

갈매기 로봇

날개 길이 1.96m, 무게 460g.
거대한 날개를 펼치고 하늘을 날아.
실제 갈매기와 구분되지 않을 정도야.

최첨단

동물

잠자리 로봇

날개 길이 63cm,
몸 길이 44cm.
거대한 잠자리
드론이야.

치타 로봇

스스로 장애물을 인식하고 뛰어넘은
최초의 네 발 동물 로봇이야.
33cm 높이의 장애물을
풀쩍 뛰어넘고, 시속 48km로
달릴 수 있어.

거미 로봇

거미처럼 꽁지에서 실을 뽑아내.
두 대의 거미 로봇이 벽을 오르내리며
꽁무니에서 탄소 섬유를 뽑아
해먹을 만들어.

개미 로봇

눈과 배에 스테레오 카메라와
광센서가 장착돼 있어.
개미의 지능을 모방한 프로그램을
탑재하고 무선 네트워크로 서로
협동하며 무거운 짐을 날라.

로봇들

캥거루 로봇

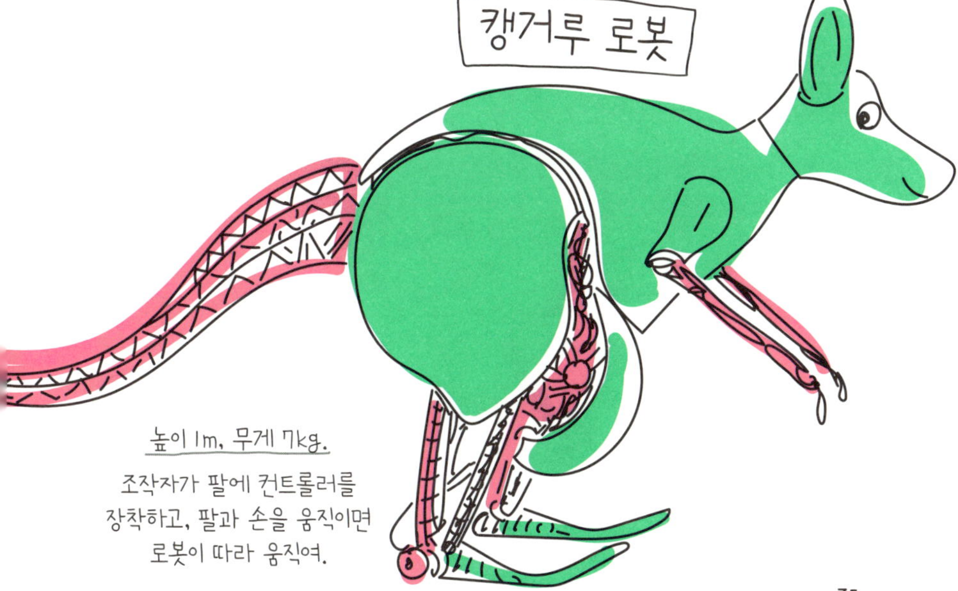

높이 1m, 무게 7kg.
조작자가 팔에 컨트롤러를
장착하고, 팔과 손을 움직이면
로봇이 따라 움직여.

가사 도우미 로봇

네 발로 기어 다니고 기다란 집게 팔이 있어. 개수대에서 컵을 집어 옮기고, 쓰레기를 집어 정확히 쓰레기통에 버릴 줄도 알아.

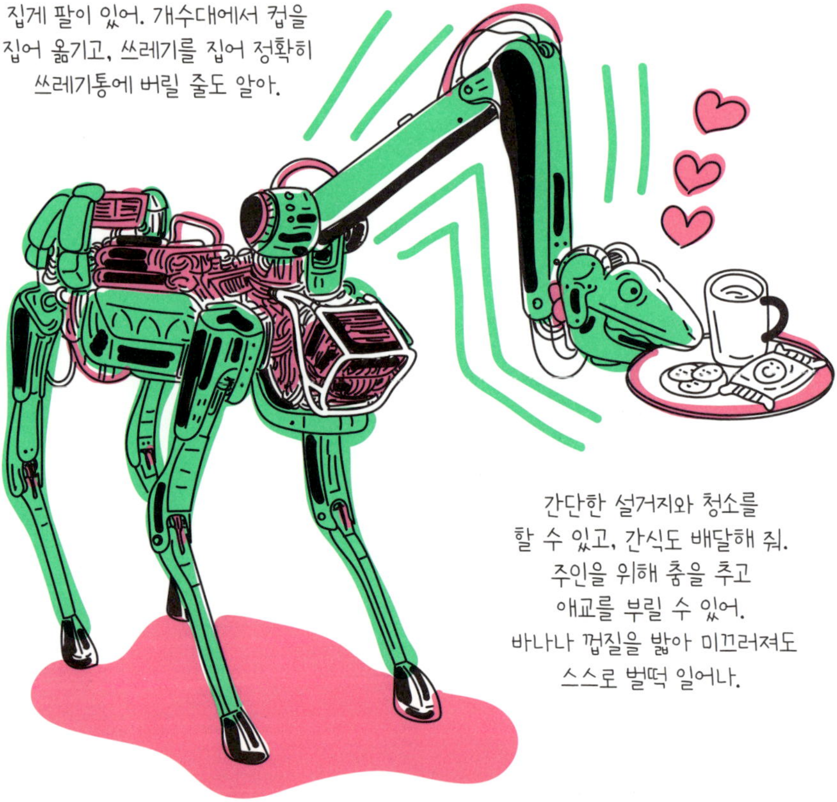

간단한 설거지와 청소를 할 수 있고, 간식도 배달해 줘. 주인을 위해 춤을 추고 애교를 부릴 수 있어. 바나나 껍질을 밟아 미끄러져도 스스로 벌떡 일어나.

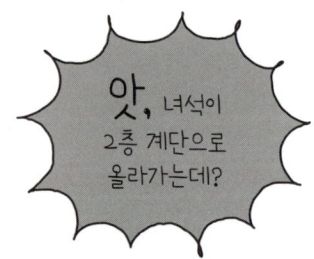

앗, 녀석이 2층 계단으로 올라가는데?

10

"로봇이 인간과 교감할 수 있을까?

로봇은 한 가지 일을 잘해. 우유 짜는 로봇, 양털 깎는 로봇, 창문 닦기 로봇, 주유 로봇, 감자 심는 로봇, 농약 살포 로봇, 생선 자르는 로봇, 초콜릿 데코레이팅 로봇, 피아노 로봇, 시각 장애인을 위한 안내견 로봇, 보안 경비 로봇, 감옥 순찰 로봇, 수술 로봇……. 한 가지 일만 잘 하도록 설계되었기 때문에 그 일을 인간보다 훨씬 더 잘 하는 거야.
로봇에게는 인간에게 없는 감각 기관을 달아 줄 수 있어. 로봇은 레이저와 엑스레이, 초음파, 적외선 감지기를 달고, 인간보다 훨씬 뛰어난 능력을 발휘해.
앞으로 세상에 나올 생체 모방 로봇은 훨씬 어려운 일도 해낼 거야. 소방관 대신 불길에 뛰어들고, 핵폐기물을 수거하고, 해저를 탐사하고, 석유를 시추하고, 우주선을 수리하고, 외계 행성을 탐사하고…….

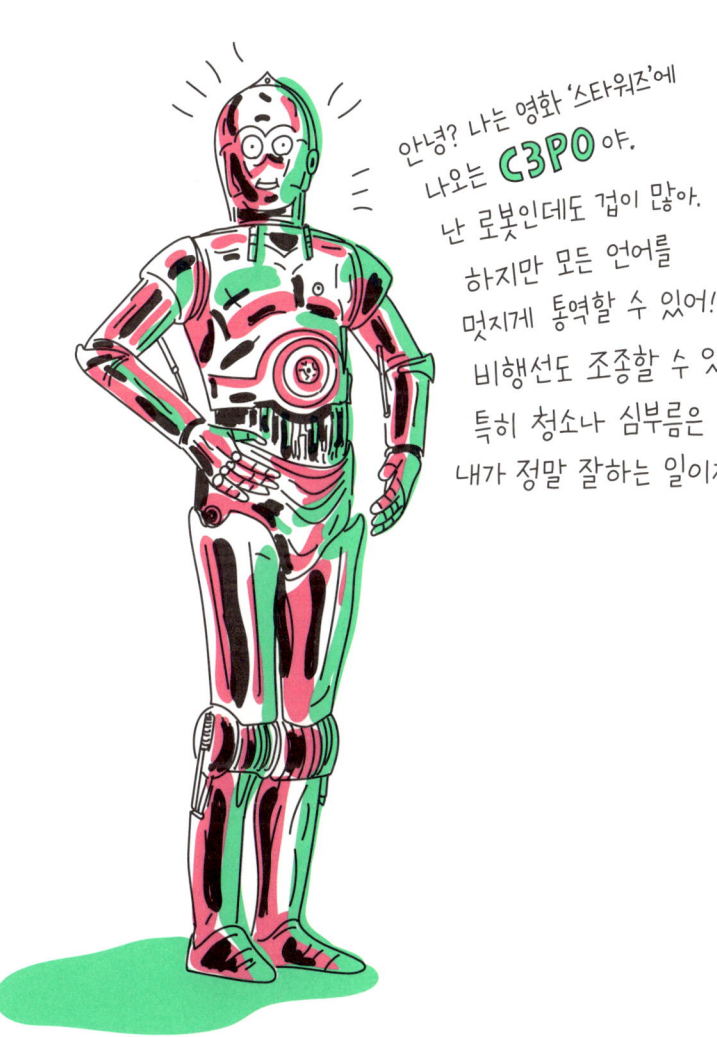

하지만 사람들은 특수한 환경에서 특수한 일만 해낼 수 있는
전문가 로봇보다 우리들 곁에 있고, 우리와 소통할 수 있는
로봇을 원해. 안전하고 유쾌하고 착한 로봇! 나와 이야기하고
나의 감정에 반응하는 로봇……. 그런 로봇이 가능할까?

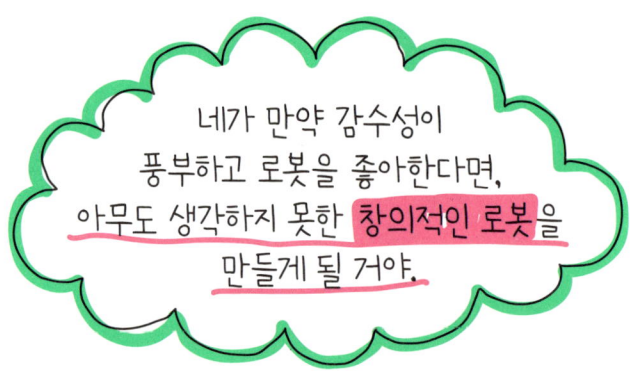

네가 만약 감수성이 풍부하고 로봇을 좋아한다면, 아무도 생각하지 못한 창의적인 로봇을 만들게 될 거야.

신시아 브리질은 한국계 미국인 여성 로봇 공학자야.
신시아는 MIT 공과 대학 로봇 연구소에서 일해. 로드니
브룩스 박사 팀에서 로봇을 만들어.
하루는 신시아가 얼굴을 만들었어. 그건 전혀 사람처럼
보이지 않아. 금속 막대와 기어, 와이어가 그대로 보여. 눈은
너무 크고 눈꺼풀은 두꺼비 같아. 두꺼운 눈썹이 있고
속눈썹이 있어. 코는 없어. 코가 있어야 할 자리에 카메라가
있어.

카메라는 눈 안에도 한 대씩 있고, 눈 사이에도 있어. 외과
수술용 고무 튜브로 입술을 만들어 붙이고 빨갛게 색칠을
했어. 돼지의 귀를 본떠서 쫑긋거리는 귀도 만들어 주었지.
몸통은 없어. 기다란 목으로 머리를 앞으로 길게 빼고,
오른쪽 왼쪽으로 흔들 수 있어. 바로 얼굴 로봇이야!
로봇의 이름은 '키스멧', 터키 말로 '운명'이라는 뜻이야.
운명처럼 키스멧은 로봇의 역사에서 중요한 로봇이 되었어!
로봇 공학자들은 로봇을 만들지만, 로봇과 공학자가
무언가를 함께 할 수 있다고는 생각하지 않았어. 로봇은
공학자에게 말을 걸지 않아. 공학자는 로봇을 조종할 뿐이야.
하지만 키스멧은 그렇지 않았어! 신시아와 키스멧은 서로
교감해! 엄마와 아이처럼, 아이와 엄마처럼!

11

로봇에게 이야기 하세요!

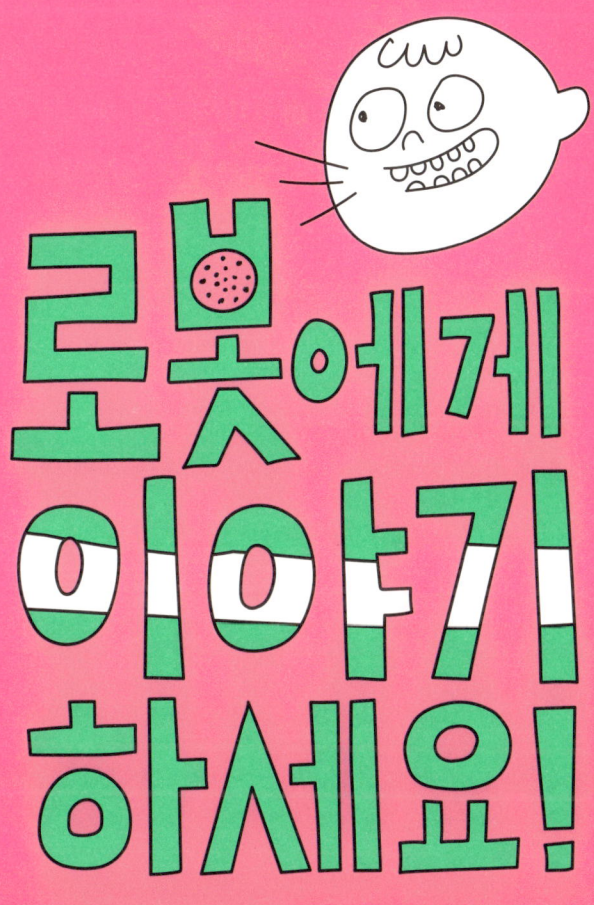

안녕, 키스멧!
얼굴 로봇 키스멧과 인사해.
보이지 않지만 어딘가에 키스멧의 뇌가 있어. 컴퓨터 열다섯
대가 키스멧과 연결되어 있어. 눈 안의 카메라가 넓은 곳을
보고, 두 눈 사이와 코 위치에 있는 카메라가 가까이 오는
물체를 클로즈업해. 컴퓨터로 전송하면 컴퓨터가 시각
정보를 처리해. 어떤 컴퓨터는 소리 정보를 인식하고,
다른 컴퓨터는 얼굴을 움직여. 눈꺼풀을 움직이거나
입술을 실룩실룩! 키스멧은 세 가지를 주목하도록
프로그래밍되어 있어.

1
움직이는 것!

2
밝은 색깔을 지닌 것!

3
사람의 피부 색깔!

혼자 있을 때 키스멧은 사람의 피부색을 찾아 두리번거려.
사람의 얼굴이 가까이 오면 행복한 표정을 지어! 그런데
그게 자기를 빤히 쳐다볼 뿐 아무것도 안 하잖아? 그러면
금방 지겨워져. 주변에 밝은 색깔이 없나 두리번거려.
앗, 노란색이다! 만약에 키스멧이 그걸 열심히 보고 있는데
움직이잖아? 그럼 키스멧의 눈은 그것을 따라 부드럽게
움직이도록 프로그래밍되어 있어!
만약에 네가 노란 옷을 입고 인형을 가지고 키스멧과 놀아
준다면, 키스멧은 환하게 웃을 거야. 하지만 인형을 마구
흔들어 대며 위협한다면 뒤로 움칫할 거야.
키스멧은 소리를 알아들을 수 있어! 키스멧이 말을 알아듣는
것은 아니지만, 아기처럼 소리의 운율과 높낮이로 상대방의
기분을 알아채! 네가 즐거운 표정으로 칭찬하고 좋은 말을
해 준다면 키스멧이 기뻐할 거야. 하지만 큰 소리로 말하거나
화를 낸다면 실망할 거야.
어색한 침묵이 흐르는 순간에는 키스멧이 스스로
옹알옹알하도록 프로그래밍되어 있어!
실험해 볼까?

신시아는 사람들을 로봇 연구실로 초대했어. 로봇에 대해 아무것도 모르는 사람들이 키스멧을 보러 왔지.
"로봇에게 이야기하세요!"
신시아는 사람들에게 아무 말도 해 주지 않았어. 사람들은 어리둥절 그 '얼굴'과 이야기하는 법을 스스로 알아내야만 했어!
너라면 어떻게 할까?
어떤 사람은 쩔쩔매고, 어떤 사람은 신기하게도 금방 키스멧과 친해졌어. 어떤 남자는 25분 동안 쉬지 않고 키스멧과 이야기를 나눴어!
"내 시계 어때? 여자 친구가 선물해 준 거야. 하마터면 잃어버릴 뻔했어. 볼래?"
남자는 키스멧의 코앞에 대고 세차게 손목을 흔들었어. 키스멧이 세차게 흔들리는 손목시계를 바라봐. 움직이는 것을 향해 주목 시스템이 작동하는 거야.

로봇과 말하는 법

남자가 이야기하는 동안 키스멧은 손목시계를 보고 있어.
하지만 손목시계는 꿈쩍도 않네. 키스멧은 금방 지루해져.
이제 그 작고 하얀 물체보다는 남자의 얼굴이 훨씬 더
흥미진진하다는 것을 눈치채고, 얼굴을 향해 눈길을 들어.
남자가 말을 멈추자 키스멧이 옹알거리기 시작해. 어색한
침묵이 흐르기 전에 옹알거리기 시스템이 작동하는 거야.
놀라운 장면이었어! 사람들이 보기에 둘의 대화는 너무나도
자연스럽게 보였어. 마치 키스멧이 모든 것을 이해하는 듯이
보였어. 남자는 정말로 키스멧과 친해졌다고 느끼며
실험실을 떠났어.

12

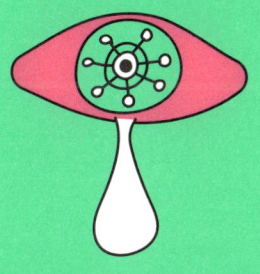

로봇에게 감정이 있을까?

자기를 둘러싼 살아 있는 세상에서 로봇은 아무것도 느끼지 못해. 슬픈 일도 기쁜 일도 없어. 키스멧은 아무것도 몰라. 남자도, 얼굴도, 시계도, 대화의 내용도!
키스멧은 의식이나 의지가 없어. 하지만 중요한 건 키스멧이 알고, 느끼고, 이해하는 것처럼 보인다는 거야! 감정이 있는 것처럼, 의식이 있는 것처럼 보인다는 거야!
그건 어쩌면 우리가 강아지나 고양이와 소통하는 방법과 비슷한 것일지 몰라. 강아지와 고양이에게 의식이 있을까? 우리를 이해하고 있을까? 우리는 강아지와 고양이가 우리를 정말로 이해하는지 알지 못하지만, 얼마든지 이야기하고, 눈을 맞추고, 기분을 나누고, 소통하며 행복을 느껴.

로봇과도 그렇게 될 수 있다면, 우리는 로봇과 교감하는 것일까, 아닐까.

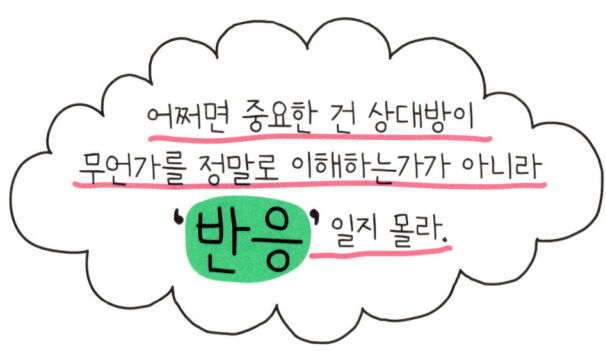

상대방이 나를 완전히 이해하지만, 아무런 반응이 없다면 무슨 소용일까? 반대로 아무것도 이해하지 못한다 해도 우리에게 적극적으로 반응을 보인다면 어떨까? 무엇이 더 우리를 행복하게 해 주는 걸까?
키스멧은 처음으로 로봇에게 사회성이 있다는 걸 보여 주었어. 상대방의 말을 열심히 듣고 웃기도 하고 입술을 삐죽거리고 화를 내기도 해.
누가 뭐래도 키스멧은 아주 사교적인 로봇이야!
감정이 있는 로봇을 만들 수 있을까? 로봇이 감정을 느낄 수 있을까?

평온한 표정

행복한 표정

슬픈 표정

키스멧은 사회성이 풍부한 로봇이야!

화난 표정

놀란 표정

표정이 정말로 풍부해! 입술을 삐죽거리고 얼굴을 찡그리고 화를 내기도 해! 지루하고 피곤하면 쿨쿨 잠들어 버릴지도!

싫은 표정

피곤한 표정

잠자는 키스멧

아니, 신시아는 감정이 있는 것처럼 보이는 로봇을 만들었을 뿐이야. 미리 입력된 프로그램에 따라 로봇이 웃을 수 있고, 우울한 표정을 지을 수 있지만, 로봇이 감정을 느끼는 건 아니야.

하지만 정말로 이상한 일이야. 로봇이라는 걸 뻔히 알면서도 오히려 사람들이 로봇에게 반응을 보이고 감정을 느끼게 되었다는 거야!

키스멧이 웃을 때, 키스멧이 우울한 것처럼 보일 때, 사람들이 로봇에게 감정을 느껴! 키스멧이 살아 있는 것 같아!

누군가 자기 앞에 오면 키스멧은 호기심 가득한 표정을 지어. 네가 만약 키스멧을 만났다면, 키스멧은 너를 빤히 바라볼걸. 흥미로워 죽겠다는 듯이.

하지만 네가 아무 말도 안 하고 쳐다보기만 한다면, 키스멧은 금방 지루해할 거야. 키스멧을 만난다면 하고 싶은 이야기를 생각해 봐.

언젠가는 로봇과 함께 비행기를 탈 수 있는 날이 올까? 로봇이 우리 주변에서 걸어 다니고, 로봇과 함께 잠에서 깨고, 학교에 가고, 야구를 하고, 비행기 옆자리에 나란히 앉을 수 있다면! 로봇 공학자의 진짜 꿈은 휴머노이드 로봇을 만드는 거야. 두 손이 있고, 두 발로 걷고, 사람처럼 보고 행동하는, 인간을 닮은 로봇!

하지만 휴머노이드 로봇을 만드는 건 아직도 너무 어려운 일이야. 인류는 지구에서 7800만 킬로미터 떨어져 있는 화성에 로봇을 보내고, 우주선을 태양계 너머 머나먼 외계로 떠나보냈지만, 우리 옆에서 두 발로 걸어 다닐 휴머노이드 로봇을 만드는 게 더 어렵다면 믿을 수 있겠어?

로봇이 두 발로 걸을 수 있을까? 기계가 두 발로 걸을 수 있을까? 얼마 전까지도 거의 불가능하게 보였어. 많은 로봇 공학자들이 두 발을 포기하고, 다리가 여섯 개인 곤충 연구로 돌아갔을 정도야. 곤충을 닮은 로봇은 이제 빠른 속도로 걷고, 장애물을 넘고, 계단을 올라!
벌레를 닮은 로봇이 놀라운 능력을 발휘할 동안에도 휴머노이드 로봇은 언제까지고 실험실에서 비틀거리고, 넘어지고, 징징 소리를 내고 있었어.
휴머노이드 로봇을 만들겠다고 나서는 로봇 공학자도 많지 않아. 두 발로 걷는 것도 어려운데, 걸어 다니기만 하면 뭐해.

진정한 **휴머노이드 로봇**이 되려면 해야 할 일이 너무 많아. 로봇 스스로 보고, 듣고, 잡고, 생각도 해야 돼!

휴머노이드 로봇을 만든다는 건, 로봇 공학자에게 우주 어딘가에 있을지도 모를 별을 향해 하루하루 0.1밀리미터씩 걸어가는 것만큼이나 지루하고 답답한 일이 아닐 수 없어. 그런데도 왜 꼭 두 발로 걷는 휴머노이드 로봇이어야 할까? 로봇이 꼭 두 발로 걸을 필요가 있을까? 바퀴나 무한궤도, 다리 6개로도 훌륭하게 움직이는 로봇을 만들 수 있는데 말이야.

하지만 사람들은
휴머노이드 로봇을 원해.
그건 사람들이 '사람'이기 때문이야.
로봇 공학자가 뱀이나 개미나 나비가 아니라
사람이기 때문이야. 사람이 일하는 곳,
사람이 사는 집, 사람이 살도록 만들어진
세상에서 로봇이 사람을 돕고, 사람 대신 일을 하고,
사람들과 함께 살아가려면 로봇도 우리처럼
두 손이 있고, 두 발로 걸어야 해.
병원에서 환자를 돌봐 주고, 무거운 물건을 들어 주고,
할머니와 할아버지의 집안일을 도와줄
안전하고 친절한 로봇이
되려면 말이야!

14

로봇이 두 발로 걷는 것은 너무 어려워!

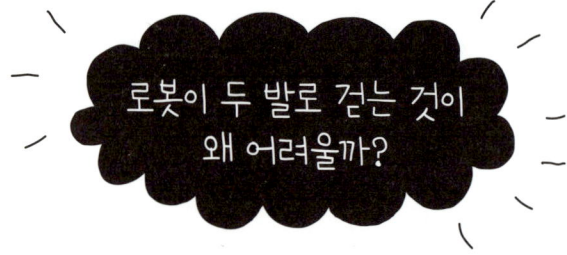

이제부터 휴머노이드 로봇 공학자가 되었다고 생각하고, 이 문제를 풀어야 해.

우리는 걷기 위해서 0.1초도 생각하지 않아. 하지만 걷기 위해 이제부터 생각을 해야 한다고 생각해 봐.

두 발로 걸으려면 먼저 한 발을 공중으로 들어 올려야 해. 그동안 나머지 한 발로만 균형을 잡아야 하지. 우리는 아무 생각도 없이 그렇게 하고 있기 때문에, 우리가 순간순간 얼마나 균형을 잘 잡으며 걷고 있는지 실감하지 못해.

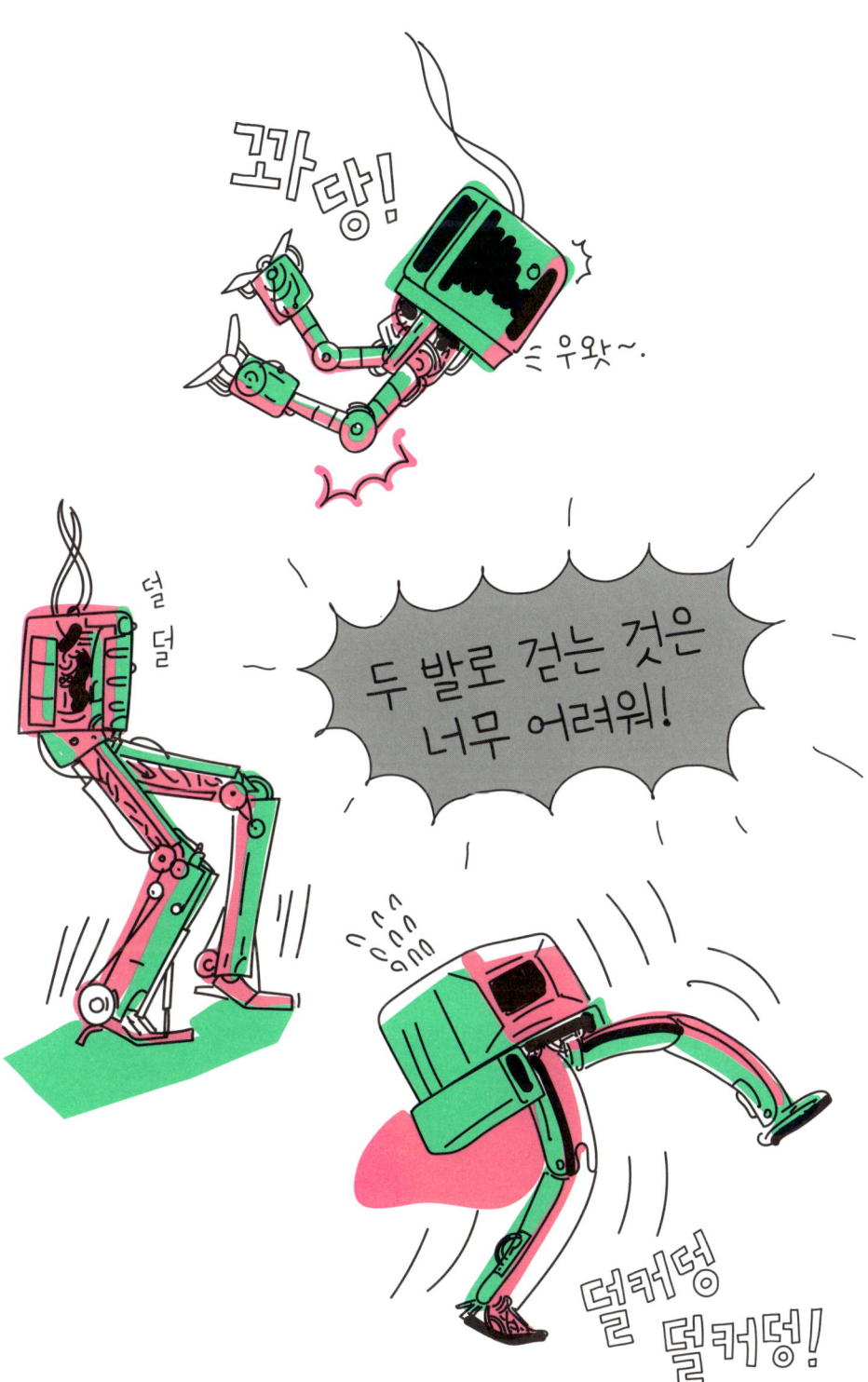

그렇다면 지금 당장 눈을 감고 가만히 서서 한 발을 들어 올려 봐! 나도 모르게 몸이 흔들흔들해. 가만히 있으려고 하면 할수록 더 흔들흔들해.

우리가 걸어 다닐 때는 자기도 모르게 온몸을 계속 움직이면서 한 발로 균형을 잡는 거야. 우리는 모르지만 어깨와 팔, 다리, 엉덩이, 우리 몸의 여러 기관이 굉장한 노력으로 한 발로 서는 걸 도와줘. 부드러운 발바닥으로 압력을 느끼고, 온몸의 근육과 관절, 눈과 귀, 귓속의 세반고리관으로 균형을 잡아. 로봇에게는 이것이 너무 어려워. 로봇 안에는 이런 것이 하나도 없기 때문이야! 사람은 발바닥을 뒤쪽에서 앞쪽으로 누르며 자연스럽게 땅을 디딜 수 있지만, 로봇의 발바닥은 평평한 금속 바닥으로 되어 있고, 그 위에 로봇을 그냥 세워 놓은 거라서, 로봇이 한 발을 들어 올릴 때 나머지 한 발로 균형을 잡기가 너무 어려운 거야.

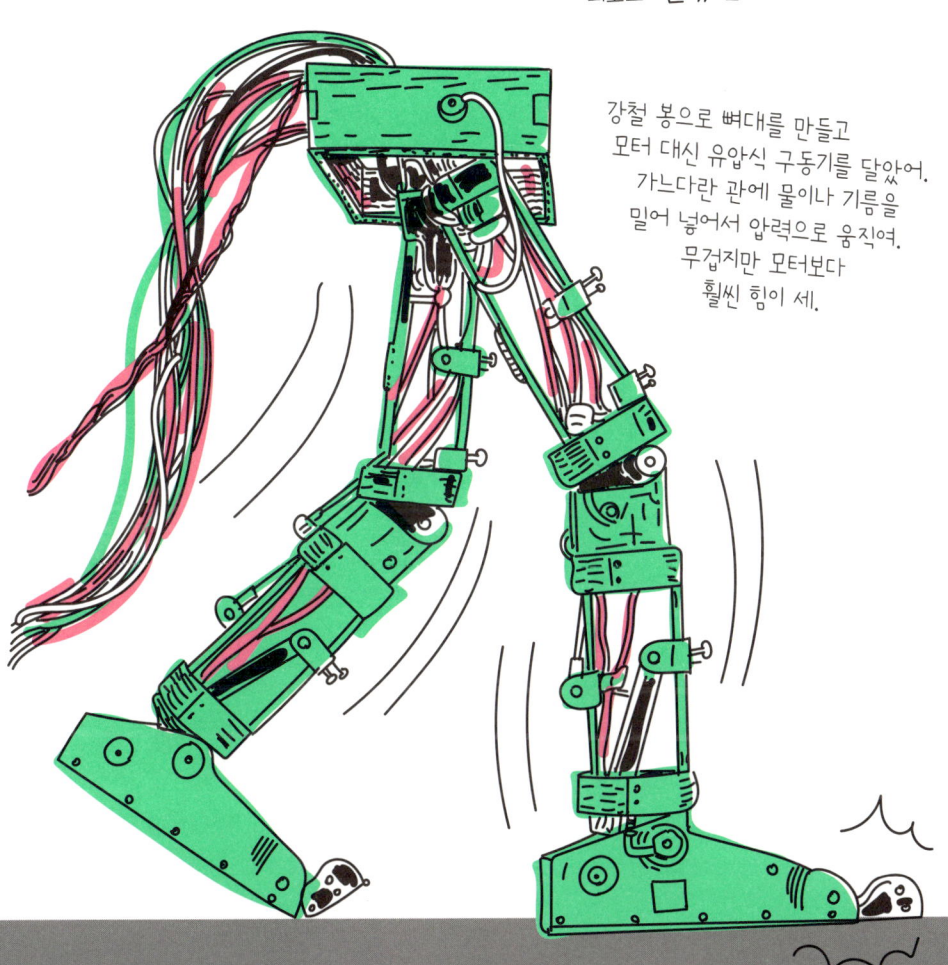

인간은 두 발로 서 있어. 이것만도 굉장히 어려운 기술이야. 옆에 있는 친구를 슬쩍 밀어 봐. 다리가 넘어지지 않으려고 힘을 주고 버텨. 로봇은 스스로 힘을 줄 수 없어! 조금만 건드려도 콰당 넘어져 버려!

넘어질 때도 우리는 팔과 온몸을 이용해 허우적거리며 재빨리 다시 균형을 잡을 수 있지만, 로봇은 그렇게 할 수 없어. 네 옆에서 로봇이 걸핏하면 쓰러진다면 정말 골칫덩어리일 거야.

로봇을 두 발로 걷게 할 수 있을까? 로봇을 사람 크기로 만들고, 두 발로 서고, 두 발로 걷게 하는 데 50년이 걸렸어!

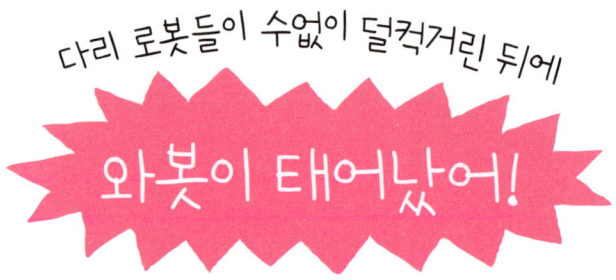

와봇은 머리가 없어. 팔이 다리보다 더 길고 오랑우탄 같아. 골다공증에 걸린 강철 오랑우탄! 조금이라도 무게를 줄이려고 온몸에 구멍을 숭숭 뚫었어.

키 180cm

엉거주춤

엥~

징~징~징

와봇-1

로봇들도 진화했어!

과학자들은 마침내 로봇이 발목을 움직여
스스로 균형을 잡도록 하는 데 성공했어!
발바닥에 압력을 감지하는 센서를 달고
한걸음 내디딜 때마다 컴퓨터로 압력을
빠르고 정확하게 계산해서
관절에 있는 모터에 명령을 전달해.

한 발 한 발 새로운 장소로 발걸음을
내디딜 때마다 다시 계산하여 정확하고
빠르게 균형을 잡아 줘.

안정화 기술!

로봇 공학자들은 이렇게 불러.

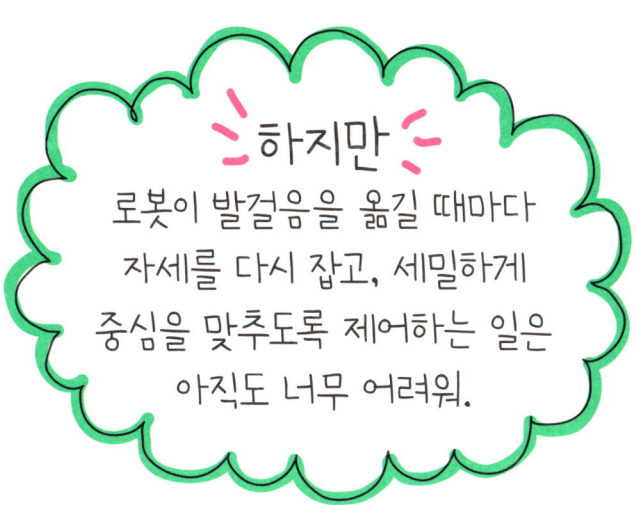

로봇이 걸을 때 바닥이 울퉁불퉁하거나 발바닥에 느껴지는 압력이 조금이라도 달라지면, 순간순간 새롭게 계산을 해야 해. 휴머노이드 로봇의 걸음걸이가 아직도 부자연스럽게 보이는 건 그 때문이야. 다리를 얼마만큼 어떻게 움직여야 하는지, 발목과 무릎, 엉덩이 관절을 몇 도씩 구부려야 넘어지지 않는지 시행착오를 끝없이 반복하며 계산하고 또 계산해. 로봇이 넘어지고 부서지면 처음부터 다시 만들어. 몇 번 걸어 보지도 못하고, 분해하고 조립하기를 끝없이 반복해!

로봇에게 손을 만들어 주는 것도 어려워. 맨 처음 로봇의 손은 집게였어. 집게손은 집는 것밖에 할 수 없어. 하지만 곧 로봇의 손가락이 세 개가 되더니 다섯 개가 되었어!

손가락을 따로따로 움직이게 하는 건 너무 어려워!
손가락을 어떻게, 얼마만한 힘으로 움직여야 로봇이 골프공을 떨어뜨리지 않고, 전구를 꽉 잡으면서도 깨뜨리지 않고 사뿐히 잡게 할 수 있을까?
이 모든 걸 제어하려면 중앙 컴퓨터가 따로 있어야 하고, 로봇의 몸속에도 컴퓨터가 여러 대 들어 있어야 해.
컴퓨터끼리 무선 통신으로 연결하고 로봇의 움직임을 제어해야 하는데, 신호가 하나라도 잘못되면 로봇은 중심을 잃고 휘청거려.

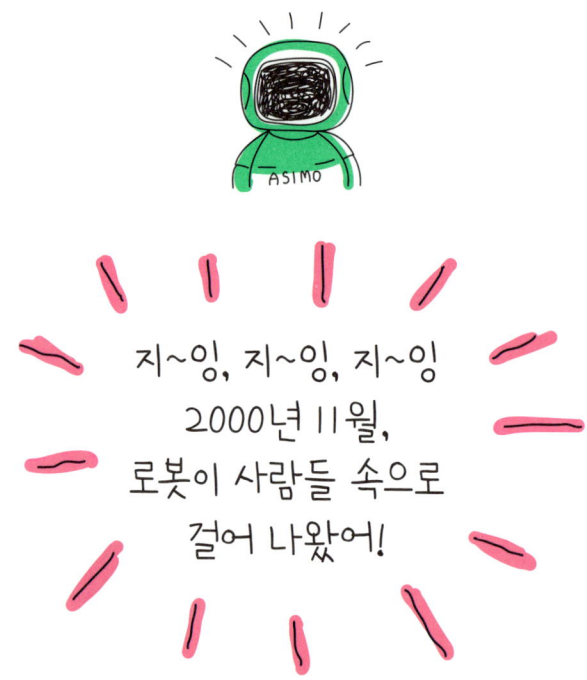

지~잉, 지~잉, 지~잉
2000년 11월,
로봇이 사람들 속으로
걸어 나왔어!

영화가 아니라 현실 세계에서 인류와 로봇이 만났어! 키 130센티미터, 몸무게 52킬로그램. 얼굴에 검은 헬멧을 쓰고, 등에 배터리 배낭을 메고, 아시모가 사람들 앞에 나타난 거야. 헬멧을 열면 귀여운 초등학생 아이의 얼굴이 나올 것만 같아.
아시모는 사람들 앞에서 인사를 하고 무대 위에서 30분 동안 걸었어! 아시모는 멈추지 않고 걸으면서 방향을 바꿀 수 있었어!

사람이 걸으면서 코너를 돌 때는 무심코 무게 중심을
안쪽으로 옮겨 균형을 잡아. 아시모는 '예측 운동 제어'
기술로 동작을 미리 예측하고 무게 중심을 이동시키며
걸었어. 갑자기 방향을 틀어야 할 때도 아주 잘 걸었어.
2002년에 아시모는 세계 최초의 '로봇 회사원'이 되었어.
미래 과학관에 취업해서 매일 오후 1시부터 30분 동안
관람객을 안내해 주었어. 연봉은 무려 2억 원!
아시모는 호텔과 백화점의 안내원이 되고, 주식 시장에서
종을 울리고, 영국 여왕을 만나 악수를 했어.
아주 유명해졌지.
아시모는 계속 계속 진화했어! 걸음이 더 빨라지고,
미리 입력되어 있는 사람의 얼굴을 알아보고, 뛰고, 계단을
오르고, 움직임이 점점 더 부드러워졌어. 모두가 아시모의
'천재적인 걸음걸이'에 감탄해.
물론 영광만 있었던 것은 아니야. 한번은 수많은 사람들
앞에서 계단 오르기 시범을 보이다 그만 무릎이 꺾여,
계단 아래로 굴러 떨어지는 수모를 겪었어.
아시모는 완전히 동작을 멈추고, 계단 아래에 엎어져 있었지.
그 유명한 '아시모의 굴욕' 사건이야.

아시모의 굴욕

하지만 사람들이 보는 앞에서 우당탕 쿵쾅 굴러떨어진 아시모는 얼마나 인간적인지! 아니 로봇적인지! 너도 걸음마를 배울 때 얼마나 많이 넘어지고 주저앉았는지, 어떻게 맨 처음 혼자서 계단을 올라갔는지, 엄마에게 물어봐! 아시모도 그렇게 걸음마를 배우는 거야!

2014년 올 뉴 아시모는 다시 한번 세상을 깜짝 놀라게 했어. 올 뉴 아시모가 무대에서 자유자재로 걷고, 달리고, 뒤로 걷고, 지그재그로 방향을 바꾸고, 한 발로 껑충뛰기를 하고, 두 발로 껑충껑충 뛰고, 공을 차고, 수화를 하고, 춤을 춰! 장애물을 피하고, 울퉁불퉁한 바닥에서도 넘어지지 않고 걸어! 카트를 밀며 걷고, 보온병을 잡고 뚜껑을 돌려서 컵에 물을 따라 들고, 컵에 담긴 물을 쏟지 않고 걸어가! 완충된 배터리로 40분 동안 걸을 수 있고. 배터리가 다 떨어지면 스스로 충전소까지 걸어가 충전할 수도 있어!

인기 스타 아시모

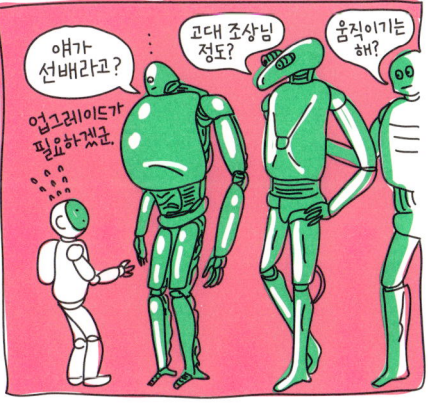

아시모 뒤에는 보이지 않는 곳에서 노트북을 펼치고 열심히 프로그램을 수정하는 조종사들이 있어.
아시모는 지금도 계속해서 진화하고 있어.
아시모는 어디까지 진화할까?

우리나라에도 멋진 휴머노이드 로봇이 있어! 휴보는 세계에서 두 번째로 완성된 휴머노이드 로봇이야. 휴보는 2004년에 태어났어. 당시에는 느릿느릿 간신히 걸어가던 로봇이었지만, 2010년에는 일본의 로봇 아시모와 파트너 다음으로 세계에서 세 번째로 달리기에 성공한 로봇이 되었어!

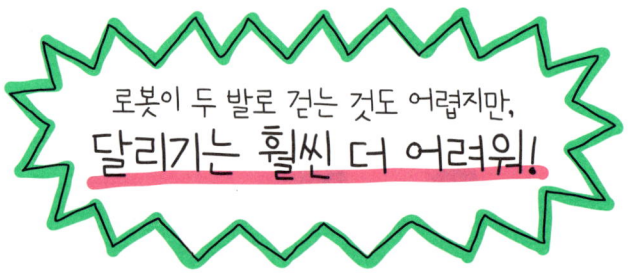

로봇이 두 발로 걷는 것도 어렵지만, 달리기는 훨씬 더 어려워!

달리기를 하려면 한 발로 박차고 뛰어올라 온몸을 공중에 붕 떠올리고 다른 발로 잽싸게 땅을 디뎌야 해.

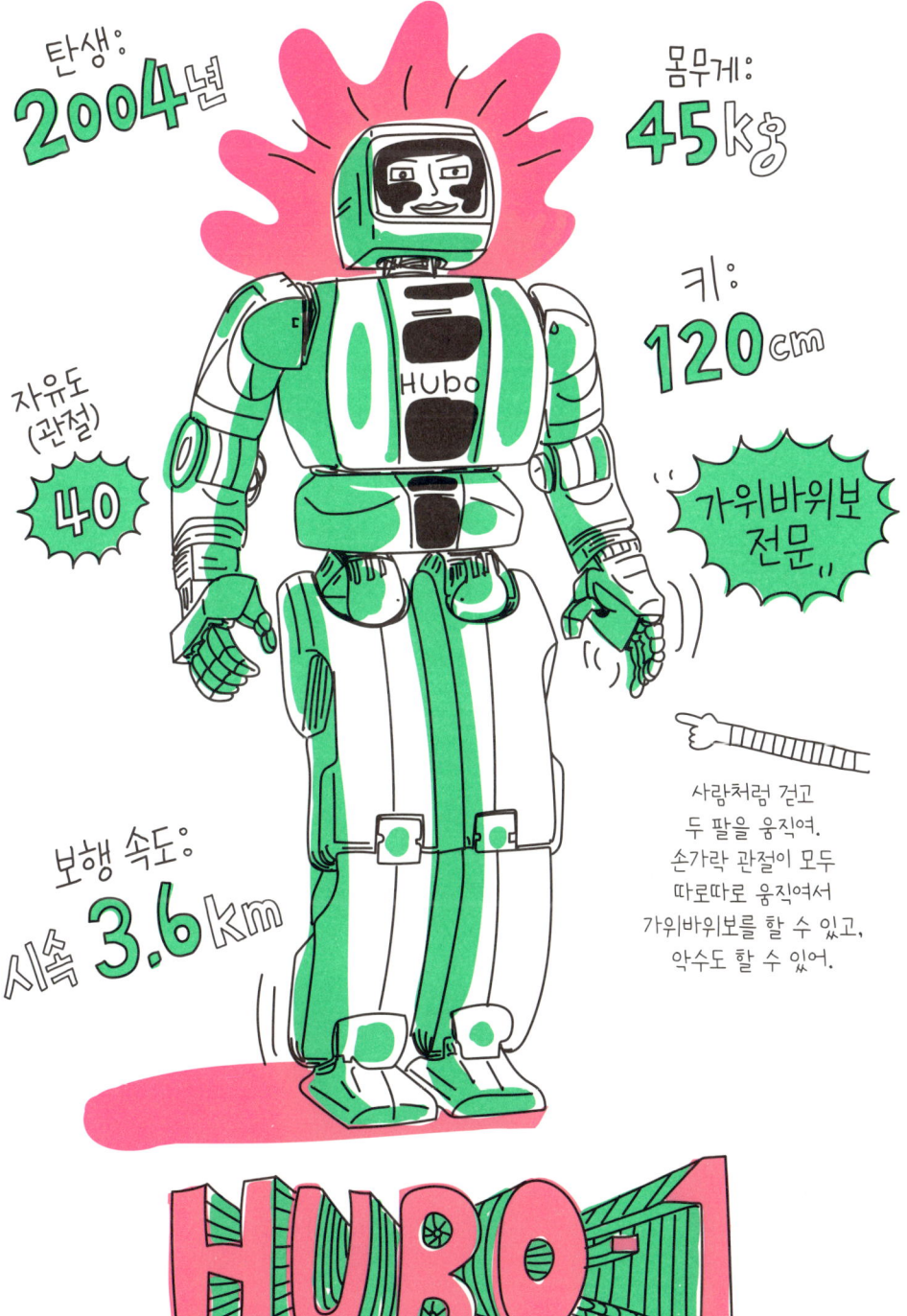

로봇이 아래로 떨어질 때 충격이 너무 커서 로봇이 망가질
정도야. 충격을 줄이기 위해 발바닥에 고무 패드를 붙이고,
더 세밀하게 더 부드럽게 동작을 제어해야 해. 로봇이 달리기
위해선 0.1초 만에 중심을 잡고 무릎과 발목을 구부려 다시
한 발을 떼어 위로 뛰어올라야 해. 중심이 조금만 뒤로
쏠려도 엉덩방아를 찧고, 중심이 조금이라도 앞쪽으로
기울어지면 고꾸라져.
로봇 공학자는 계속, 계속, 계속, 실험하고, 실험하고,
또 실험해! 무게 중심 센서와 가속도 센서, 관성 센서를 달고,
어떤 순간에 어디에 어떻게 얼마만큼 힘을 주어야 하는지,
로봇이 달릴 때 동작 하나하나를 어떤 순서로 어떻게
제어할지, 로봇을 데리고 수백 수천 번 실험해.
로봇과 로봇 공학자가 함께 나동그라지고 멍이 들어!
온몸에 전깃줄을 주렁주렁 매달고, 넘어지고, 쓰러지고,
망가지고, 다시 용접하고, 다시 조립하고……. 휴보의 달리기
기술을 완성하는 데 6년이 걸렸어!
그리고 2년 뒤 어느 날, 놀라운 일이 일어났어.
휴보가 휙휙 소리를 내며 한 발 두 발 바닥을 톡톡 두드리며
스텝을 밟고, 오른팔과 왼팔을 따로따로 흔들고, 엉덩이를
비틀고 힙합 춤을 추기 시작했어! 재미있으라고 춤을 추는
게 아니야! 휴보는 전신 제어 기술을 갖게 되었어.

키
125cm

몸무게
37kg

보행 속도
시속 1.8km

휴보-1보다 동작이 빠르고 부드러워. 손가락에 와이어 힘줄이 있어서 손가락을 쥐었다 폈다 물건을 손에 잡을 수 있고, 사람이 할 수 있는 모든 동작을 거의 다 흉내 낼 수 있어.

자유도
41

HUBO-2

로봇이 춤을 춘다고? 그건 바로 로봇이 전신 제어 기술을 갖게 되었다는 뜻이야!

완전한 전신 제어 기술을

아시모
세계 최초의
2족 보행 로봇으로
사람을 돕는 로봇으로
개발되었어.

HRP
사람과 함께 무거운 물건을
맞들 수 있고, 누워 있을 때 혼자서
일어날 수 있는 유일한 로봇이야.

앉고 있는 로봇은 세계에 몇 종류뿐이야!

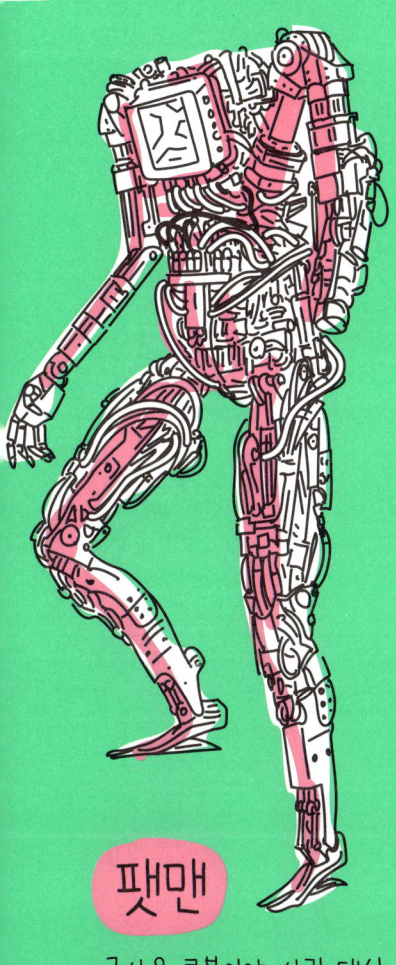

팻맨

군사용 로봇이야. 사람 대신 독가스실에 들어가 화생방 실험을 해. 사람이 걷어차도 넘어지지 않을 만큼 중심을 잡는 능력이 뛰어나. 사람처럼 걷고 쪼그리고 앉을 수 있고 주변을 살피듯 상체를 이리저리 비틀고. 계단을 오르고, 팔 굽혀 펴기를 할 수 있어.

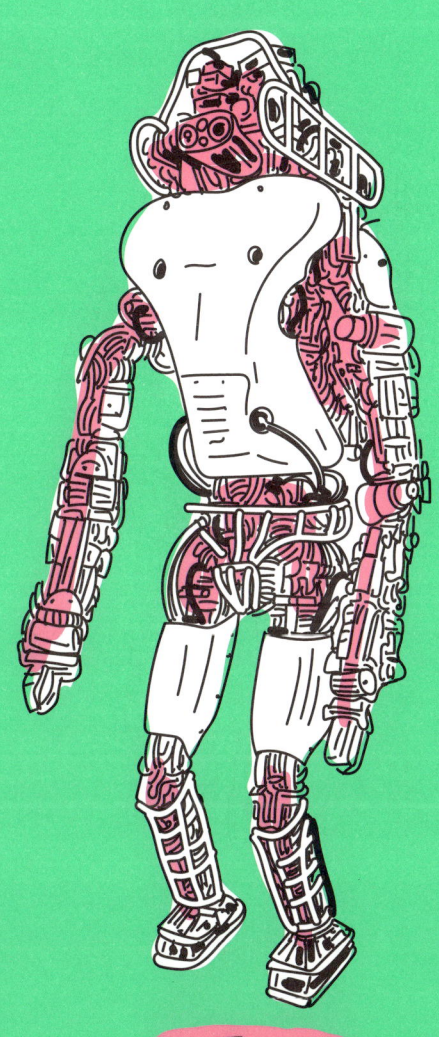

아틀라스

양팔을 앞뒤로 흔들며 사람처럼 조깅을 하고 공중제비도 돌 줄 알아. 통나무 장애물 앞에선 두 발을 모으고 폴짝 뛰어넘어.

휴보는 허벅지에 모터를 달고, 덕지덕지 납땜을 하고, 복잡한 컴퓨터 시스템과 얼키설키 전기 회로가 훤히 드러나 보이는 강철 몸체로 처음으로 로봇 공학자 앞에서 춤을 추었어!
휴보는 완벽한 전신 제어 기술로 엉덩이를 흔들며 춤추는 로봇이야!
철커덕 지잉 철커덕! 휴보는 세계의 로봇들과 어깨를 겨루며 연구실에서 끝없이 달리고, 넘어지고, 춤을 춰. 자기가 얼마나 유명해질지 짐작도 못한 채!

17

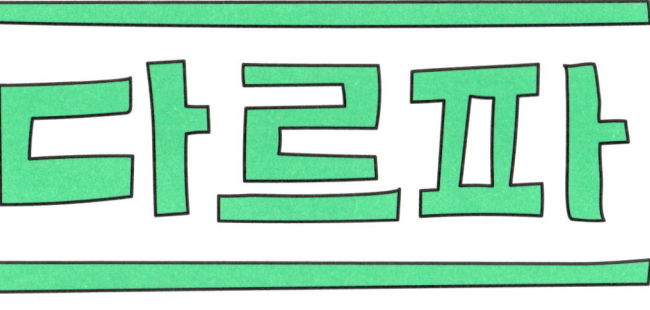

다르파 로보틱스 챌린지

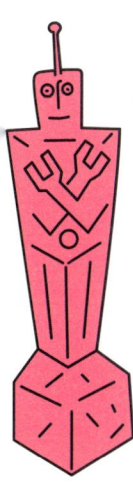
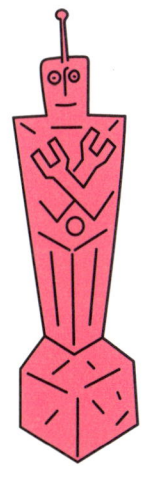

2011년 일본에서 진도 9.0 규모의 대지진이 일어났어.
쓰나미와 해일이 덮치고 후쿠시마 원자력 발전소가
파괴되었어. 원전 1호기가 폭발했어. 3호기가 폭발하고
2호기가 폭발했어. 4호기에서 폐연료봉 보관 수조가 망가져
어마어마한 방사능 오염 물질이 누출되었어.
바로 이때야! 로봇이 사람 대신 사고 현장에 들어가 대단한
활약을 펼칠 때가 온 거야. 로봇이 사람 대신 방사능 위험
지역에 들어가 무언가를 해낼 거라고 모두가 기대했어.
세계 여러 나라에서 최첨단 로봇들이 모였어. 여러 가지
모양으로 변신할 수 있는 뱀 모양 로봇, 비행 로봇, 무인 원격
자동차 로봇, 탱크 로봇……. 하지만 로봇들은 무력했어.
로봇들은 사고 현장으로 들어가 보지도 못했어. 로봇을
안으로 들여보내 사고 현장을 둘러보는 것조차 쉽지 않았어.
전쟁터에서 활약한 미국의 탱크 로봇 팩봇이 카메라를
장착하고 들어갔어.

팩봇은 이중문을 열고 들어가 문 주변에서 촬영을 했고, 방사능 오염도를 측정하고, 온도와 습도, 산소의 농도를 측정했지만 그것으로 끝이었어. 팩봇은 장갑차처럼 무한궤도로 구르는 미니 로봇이야. 전쟁터에서는 험한 산길도 오를 수 있었지만, 지진으로 무너져 내린 잔해 더미와 복잡한 강철 배관들 사이에서 팩봇은 옴짝달싹을 못 했어. 방사능 오염으로 무선 조종이 끊겨 그만 먹통이 되어 버렸어. 사람들은 의아해했어. 그렇다면 왜 아시모를 들여보내지 않았을까? 아시모는 재난 현장에서 할 수 있는 일이 아무것도 없었어!

할 수 없이 인간 결사대가 투입되었어. 원전 복구를 위해 50명의 원전 기술자들이 들어갔고, 모두 어마어마한 방사능에 노출되었어.

원전 사고 앞에 세계는 속수무책이었어. 온 세계의 최첨단 로봇들이 원전 사고와 같은 극한 재난 현장에서 할 수 있는 일이 아무것도 없다니! 로봇 연구소와 로봇 공학자들조차 충격에 휩싸였어.

이때 다르파가 이 문제를 해결하기 위해 나섰어. 다르파는 미국의 국방부 방위 고등 연구 계획국이야. 최첨단 무기를 가장 먼저 개발해 내는 곳으로 유명해. 어마어마한 자금으로 전쟁에 필요한 군사용 무기 개발을 지원하고 있어.

그러느라고 컴퓨터와 인터넷을 개발했고, 무인 자동차가 한 대도 없었을 때 사막에서 무인 자동차 경주 대회를 열었어. 무기를 개발하기 위해 최첨단 과학 기술 연구를 지원하다니! 씁쓸하고도 아이러니한 일이 아닐 수 없어. 하지만 컴퓨터와 인터넷, 원자력의 발견이 그런 것처럼 전쟁을 위해 개발한 기술이 언젠가는 민간에 퍼지고 세상을 바꾸는 기술이 된다는 거야.

이번에도 다르파가 일을 저질렀어! 세계의 로봇 연구소와 로봇 공학자들에게 어마어마한 상금을 내걸고 다르파 로보틱스 챌린지를 개최한 거야. 로봇을 만드는 사람 누구라도 참가할 수 있고, 예선만 통과해도 연구비를 받을 수 있었어. 로봇을 개발해도 좋고, 로봇을 지원하는 소프트웨어 제어 시스템을 개발해도 돼.

소프트웨어 제어 시스템을 개발하는 팀에게는 막강한 휴머노이드 로봇 아틀라스를 지원해 주고, 이들은 아틀라스에 프로그램을 탑재하여 대회에 참가할 수 있었어. 대회에 참가하는 로봇은 가상 원전 사고 현장에서 8가지 임무를 완수하고 탈출해야 해!

세계의 로봇 공학도들이여!

원전 사고와 같은
극한의 사고 현장에서
실제로 활약할 수 있는

휴머노이드
재난 구조 로봇을
만들라!

DARPA ROBOTICS CHALLENGE

1 로봇이 직접 자동차를 운전해 지정 장소로 이동한다.

2 차에서 내려 나무, 덤불, 장애물이 있는 자갈길을 100m 통과한다.

3 건물 입구에 쌓여 있는 크고 작은 장애물을 치운다.

4 건물의 문을 열고 안으로 들어간다.

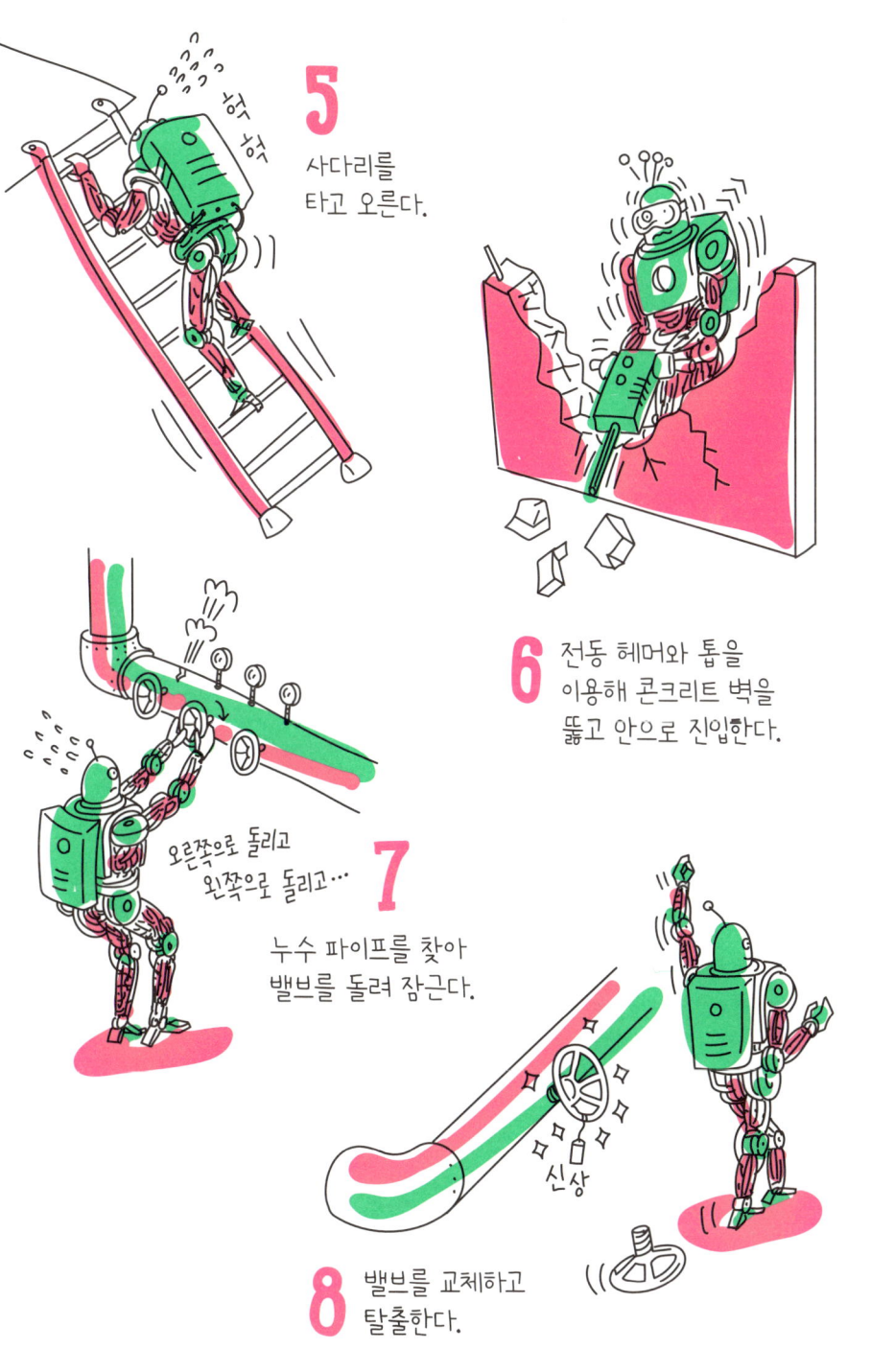

말도 안 돼! 다르파가 미쳤다!
로봇이 스스로 자동차를 운전하고, 문을 열고, 사다리를 오르고, 벽을 뚫는다고?

로봇에게는 거의 모두가 황당하고 불가능한 미션이었어. 사다리를 기어오르는 로봇이라고? 그런 로봇은 세계에 단 하나도 없었어!

최첨단 휴머노이드 로봇이라는 아시모와 휴보가 이제 겨우 걷고, 달리고, 계단을 오르는 정도인데. 그것도 미리 연출한 깨끗하고 평평한 무대 위에서 말이야. 가상의 원전 사고 현장에서 차를 몰고, 장애물을 치우고, 사다리를 오르고, 문을 열고, 스스로 망치를 들고, 벽을 부수는 로봇이라니! 그런 로봇은 이 세상에 없어! 단 한 개도!

2013년 12월이 되었어.

로봇들에게 무슨 일인가가 일어났어! 겉모습부터 당당한 재난 구조 로봇으로 변신하여 대회장에 나타났어!

세계의 유명한 로봇들이 모두 한자리에 모였어. 나사의 우주 조종사 로봇도 왔어. '로보 너트'는 원래 우주선에 장착한 상반신 로봇이었는데, 다리를 달고 완전한 휴머노이드로 변신하여 **발키리**라는 이름으로 출전했어. 화성 탐사 로봇 '큐리오시티'를 만든 나사의 제트 추진 연구소도

로보시미안을 들고 대회에 왔지. 팔다리를 모두 팔이나 다리로 바꾸어 쓸 수 있는 변신 로봇이야.

아시모의 할아버지뻘 되는 일본의 산업용 로봇 **HRP-2**도 재난 구조 로봇으로 변신했어. **에스원**은 처음부터 우승 후보로 꼽힐 만큼 실력이 대단한 로봇이야. 크고 네모난 얼굴에 팔다리가 붙어 있어. 서 있는 강철 꽃게 로봇 같아!

카네기멜런 대학교의 **침프**도 왔어. 팔다리 밑에 무한궤도를 달고 필요할 땐 바퀴로 굴러다녀. 데니스 홍 교수의 유명한 **토르**도 왔지. 작은 얼굴에 기다란 목, 어깨가 떡 벌어졌어. 팔, 다리, 손목을 분리하여 바꿔 끼울 수 있는 전신 모듈 로봇이야.

뭐니 뭐니 해도 사람들의 눈길을 끈 로봇은 **아틀라스**야. 거대한 덩치에 전동 모터 대신 유압식 구동기를 달아서 아주 힘이 센 로봇인데도 관절이 자유롭게 움직이는 터미네이터 로봇이야!

우리나라의 휴보도 대회에 참가했어. 헬멧을 벗고, 뻥 뚫리고 네모난 얼굴, 온몸을 알루미늄 합금으로 감싼 완벽한 전사의 모습으로! **DRC 휴보**야! 넘어져도, 화염에 휩싸여도, 방사능 오염에도 끄떡없게 보여.

다르파 로보틱스 참가한

에스원
키 150cm, 무게 94kg.

일본의 산업용 로봇이야. 울퉁불퉁한 곳에서도 넘어지지 않고 잘 걸어.

침프
키 150cm, 무게 200kg.

보통 때는 걷지만 울퉁불퉁한 곳에서는 탱크처럼 굴러갈 수 있어. 사다리를 오르고, 자동차 운전대도 잡을 수 있어.

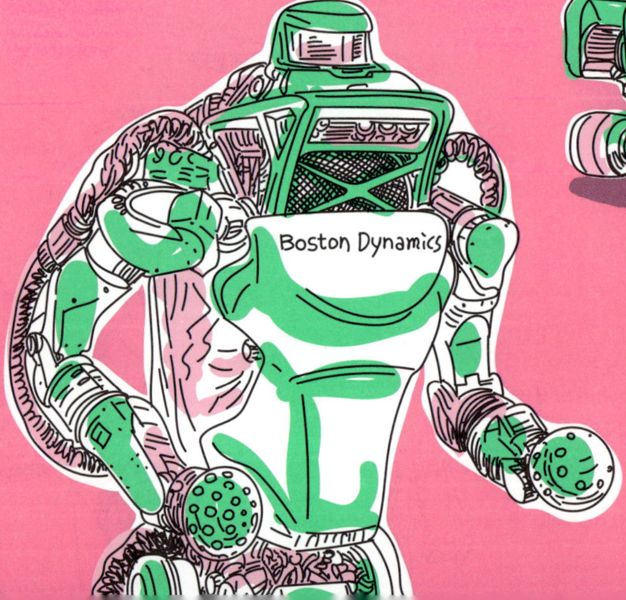

아틀라스
키 188cm, 무게 156.5kg.

보스턴 다이내믹스 사의 인간형 로봇이야. 세계에서 험한 산길을 오를 수 있는 유일한 로봇이야.

대회에 로봇들

로보시미안
머리가 없고 커다란 팔이 4개야.

토르
팔, 다리, 손목을 다른 부품으로 갈아 끼울 수 있어. 걸어 다닐 땐 손을 떼어 내고 손목에 카메라를 장착할 수 있어.

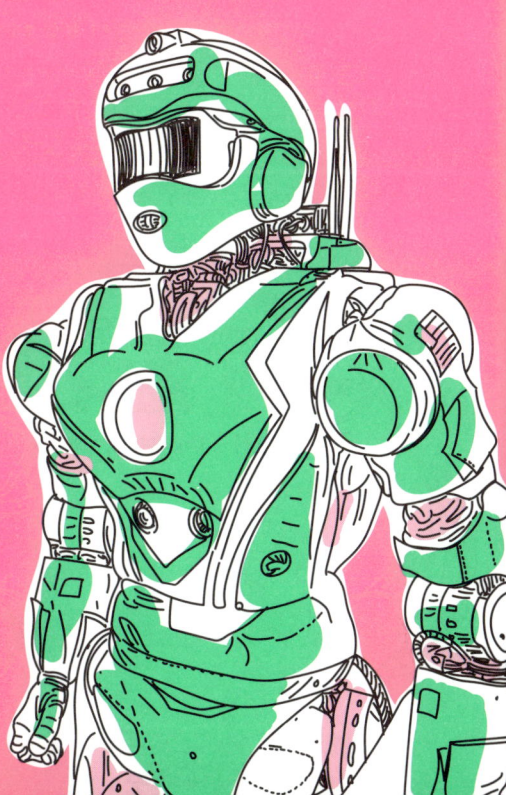

발키리
미국 항공 우주국 팀이 자존심을 걸고 개발한 인간형 로봇이야. 모습이 멋지지만 대회에서는 별로 좋은 성적을 거두지 못했어.

드디어 대회가 시작되었어. 휴보는 가장 어려운 사다리 오르기 종목에서 뒷걸음질로 성큼성큼 난간을 잡고 계단을 올라가서 만점을 받았어. 사다리 오르기에서 만점을 받은 로봇은 대회에서 최종 우승한 에스원과 휴보뿐이었어! 하지만 에스원한테는 난간을 떼 주었기 때문에 제대로 사다리를 기어올라갔다고 할 수는 없어.

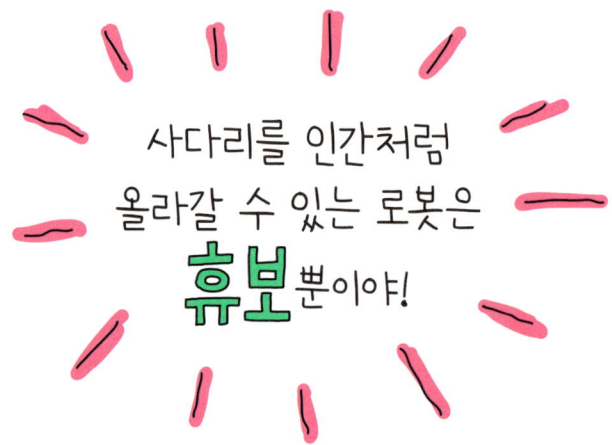

사다리를 인간처럼 올라갈 수 있는 로봇은 휴보뿐이야!

휴보는 대회 초반에 발목 센서가 고장 나서, 아쉽게도 여러 종목을 제대로 치르지 못했어. 우승 0순위 에스원의 활약은 대단했어. 흔들림 없는 걸음걸이로 내달리듯 장애물을 넘고, 8개 종목 중 6개 종목에서 모두 만점을 받아 1등을 차지했어.

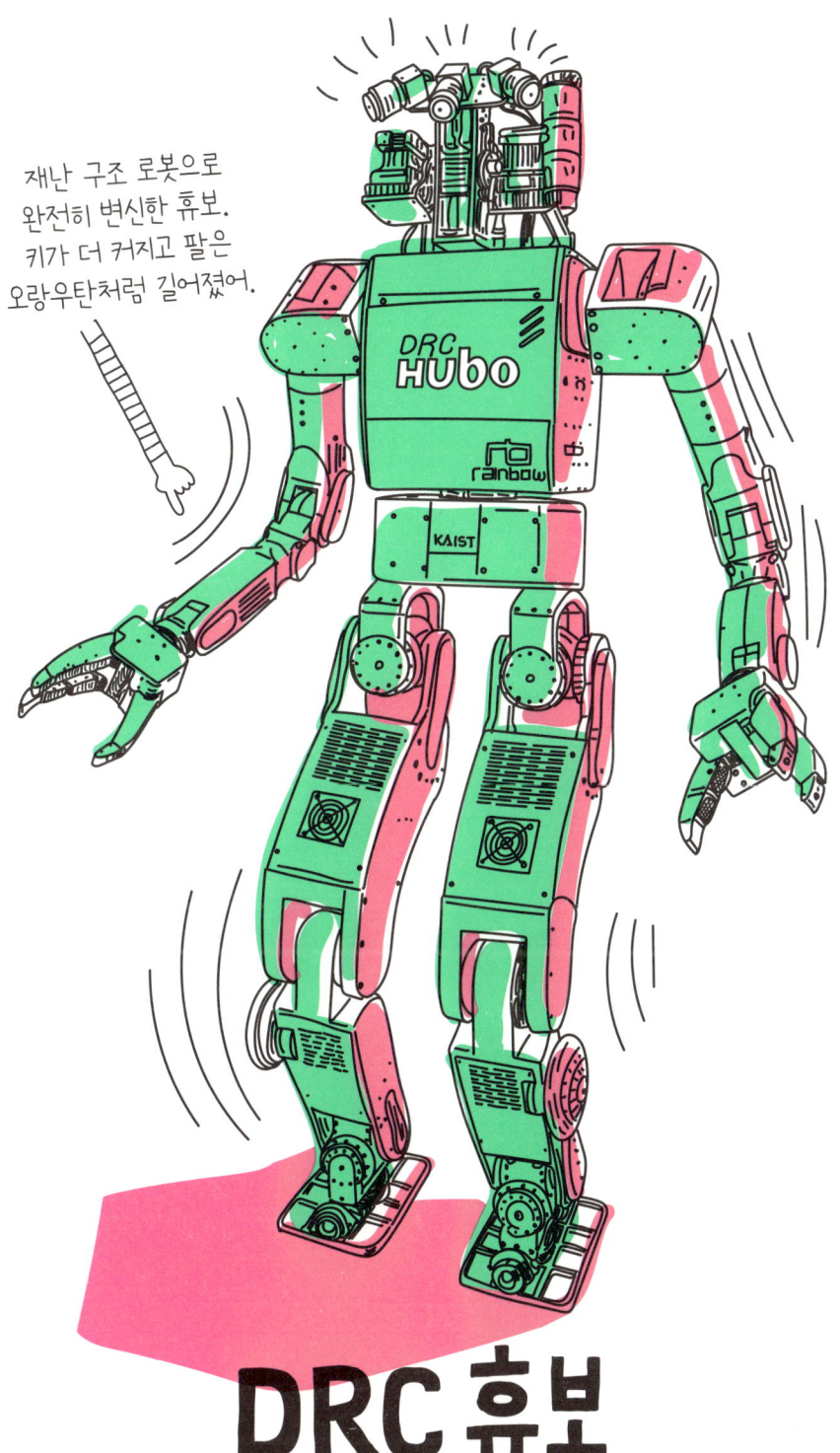

휴보는 DRC 휴보2로 진화하여, 2015년 두 번째 다르파 로보틱스 챌린지에 출전했어. 키 168센티미터, 몸무게 80킬로그램의 단단한 체구로 무장하고, 가슴 안쪽에 고성능 컴퓨터를 내장했지. 시각 시스템이 월등해졌어.

무릎 아래쪽에 바퀴를 달고 필요할 때는 바퀴로 굴러갈 수 있었는데, 주저앉아 콘크리트 벽을 뚫을 때 뛰어난 능력을 발휘했어. 자동차에서 내리고, 밸브를 잠그고, DRC 휴보2는 44분 28초 만에 미션 8개를 가뿐히 완수하고 대회에서 1등을 차지했어!

아시모와 휴보, 모두 재난 구조 로봇 대회에 참가한 첨단 로봇이라 해도 지능은 아직 곤충 수준이야. 하지만 과학자들은 머지않아 로봇이 똑똑해질 것이라고 믿고 있어. 왜냐하면 로봇의 뇌가 점점 더 똑똑해지고 있기 때문이야! 인공 지능 프로그램을 탑재하고, 로봇은 지금 축구를 배우는 중이야! 로봇끼리 공격과 수비를 펼치며 경기 능력을 스스로 학습해. 승부 때마다 상대 로봇의 움직임에 대응하고, 승패를 기억하여 스스로 다음 동작을 결정하도록 프로그램이 되어 있기 때문에 로봇들의 기량을 전혀 예측할 수 없어. 해마다 로보컵 대회에서 로봇들이 월드컵 경기를 펼쳐. 로봇 공학자들이 학습시키는 로봇 축구팀의 목표는 2050년까지 로봇 축구팀이 인간 축구팀을 이기는 거야!

로봇은 날마다 진화하고 있어. '그레이스'는 아주 예의 바른 로봇이야. 인공 지능을 연습하고 있어. 키 180센티미터에 모니터를 달고 드럼통처럼 굴러다녀. 인공 지능 프로그램을 탑재하여 모니터로 100가지 얼굴 표정을 지을 수 있고, 마이크를 통해 사람들의 말을 알아들어. 어느 날 그레이스는 인공 지능 학회에 참석했어. 혼자 힘으로 강당을 찾아가고, 창구에서 사람들과 함께 줄을 서서 기다리고, 사람들에게 물어 엘리베이터를 탔어.

하지만 그레이스는 아직 팔도 없고, 다리도 없고, 드럼통으로 굴러다닐 뿐이야. 팔다리를 가지고 사람들과 함께 살아가는 로봇이 되려면 배워야 할 게 너무 많아! 로봇에게 세상을 알게 해 주는 건 여전히 너무 힘든 일이야. 로봇에게 최첨단 인공 지능 프로그램을 모두 탑재한다 해도 로봇은 아직도 간단한 심부름 하나도 제대로 할 수 없어.

로봇 심부름 시키기

로봇에게 냉장고 문을 열고 물 한 잔을 따라오게 시킨다고 해 봐.

그러려면 로봇이 스스로 냉장고를 찾아서 가야 하고, 냉장고 문의 손잡이가 어디에 있는지 알아야 해. 그런데 집집마다 냉장고의 크기와 모양과 색깔이 달라. 손잡이 모양도 달라!

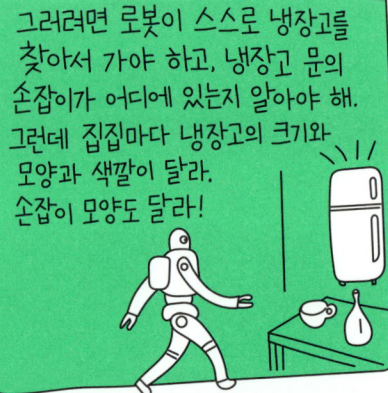

문을 열었다 해도 이번에는 냉장고 안에 있는 온갖 반찬 통과 양념 통 사이에서 물통을 찾을 줄 알아야 하고,

물통을 떨어뜨리지 않고, 잡고서 뚜껑을 열어야 해. 뚜껑을 돌려서 열지, 젖혀서 열어야 할지도 알아야 할 거야. 물을 컵에 맞게 안 넘치게 따라야 하고, 안 흘리고 들고 와야 해.

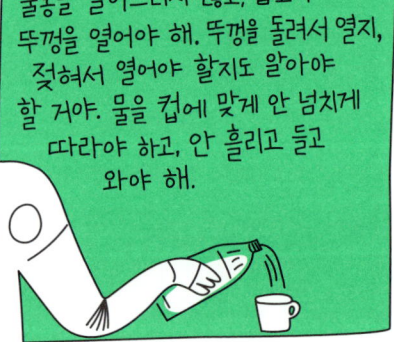

로봇이 냉장고에서 물을 꺼내 올 수 있을까? 냉장고 문을
열고 무사히 물을 꺼냈다 해도 오다가 무언가에 걸려서
자빠지면 어떻게 할까? 냉장고 문을 열고 컵에 따라 오는 게
로봇의 목표니까 로봇은 다시 냉장고로 가서 물을 따라
올까? 아니면 쏟아져 버린 물을 담으려고 바닥에서
허우적거릴까? 아니면 그냥 엎어져 있을까?
로봇에게 상식을 가르쳐 줄 수 있으면 좋으련만! 이 세상
모든 냉장고의 모양과 크기와 색깔, 손잡이의 모양을 모두
컴퓨터에 입력해 줄 수 있을까? 그러기에는 냉장고와
세탁기와 신발장과 개수대와 옷장이 너무 비슷해 보여.
사람한테는 쉬운 일이 로봇에게는 하나도 쉬운 게 없어.
로봇이 사람과 함께 살아가는 세상은 너무 복잡하고, 돌발
상황이 너무 많아. 모든 경우를 예측해서 배우게 하는 것이
너무 어려워!
생쥐만큼이라도 똑똑한 로봇을 만들려면 어떻게 해야 할까?
로봇에게 상식이 있어야 해!

우리에겐
바둑과
수학 문제가
훨씬 더 어렵지만
로봇에게는
'상식'이
가장 어려워!

인공 지능 과학자들은 로봇에게 어떻게 상식을 가르쳐 줘야
할지 아직도 전혀 갈피를 못 잡고 있어. 인공 지능이
눈부시게 발전하고 있어도 로봇을 똑똑하게 해 주기란
아직도 너무 멀게 보여.

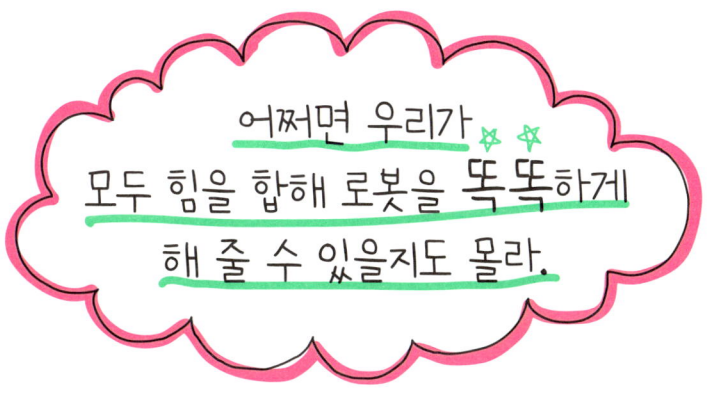

어쩌면 우리가 모두 힘을 합해 로봇을 똑똑하게 해 줄 수 있을지도 몰라.

언젠가는 컴퓨터를 조립하듯이 로봇을 집에서 조립할 수
있어! 모듈형 로봇이야! 로봇의 몸체와 부품이 규격화되어
있어서 새로운 부품이 나올 때마다 갈아 끼울 수 있어.
이를테면 내 로봇은 옛날 거라서 손가락이 세 개밖에
없었는데 손가락이 다섯 개인 로봇 손이 출시되었다는 거야.

당장 주문해! 로봇 손이 배달되면 로봇 손을 교체하고 로봇 손을 개발한 회사의 서버에 접속해서 다섯 손가락용 소프트웨어를 다운로드 해.

로봇의 전원 스위치를 켜! 지잉, 로봇이 제대로 움직이는데? 다섯 손가락 로봇이라면 할 수 있는 일이 훨씬 더 많겠지? 로봇에게 설거지를 가르치거나 가위질을 하는 법을 가르칠 수도 있어. 접시를 여러 번 떨어뜨리고 깨뜨려서 엄마에게 혼나. 가위질은 매번 엉망이야. 그래도 조금씩 나아지고 있어! 내가 로봇을 가르친 데이터를 로봇 손 회사에 보내. 로봇 손을 새로 구입한 사용자들이 각자 자기가 가르친 내용을 로봇 손 회사에 전송할 수 있고, 로봇 손 회사의 지식 데이터는 엄청나게 불어나. 자료를 서로 공유하면 로봇 손 제어가 점점 더 정교해지고, 로봇 손이 할 수 있는 일이 점점 더 늘어날 거야!

인공 지능 기술과 로봇의 소프트웨어 제어 기술이 함께 발전한다면 언젠가는 인공 지능 로봇이 탄생할까? 과학자들은 수학자의 지능을 가진 인공 지능과 벌레의 지능을 가진 로봇이 언젠가 중간쯤에서 만날 수 있지 않을까 기대해.

로봇을 조립하고 상식을 가르치는 게 답답하다면, 너의 뇌를 직접 로봇에 연결할 수도 있어!

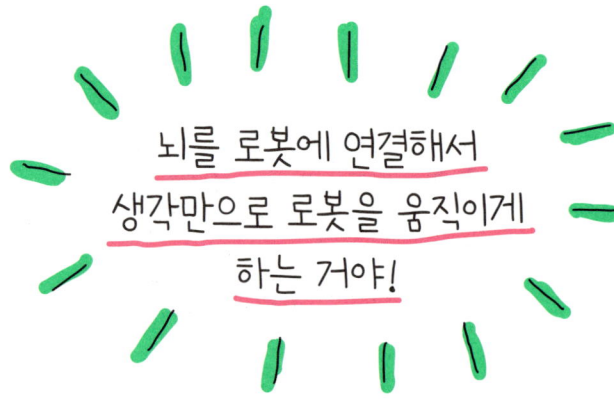

인공 두뇌 과학자들이 자신의 뇌에 전극을 연결하여 생각만으로 로봇의 팔다리를 움직이게 하는 실험에 성공했어! 원격 현존 로봇이 탄생한 거야. 생각만으로 로봇이 팔과 다리를 움직여. 마법이나 텔레파시가 아니라 과학이야!

어떻게 그런 일이 가능할까? 그건 우리의 뇌 속에도, 컴퓨터 속에도, 똑같이 전류가 흐르고 있기 때문이야! 우리가 보고, 듣고, 느끼고, 움직이고, 생각을 할 때 우리의 뇌 속에 전류가 흘러.

특정한 부위에, 특정한 패턴으로 뇌가 활성화돼.

뇌 과학자들이 이것을 스캔하여 뇌 지도를 만들려고 해.

뇌 속의 전기 신호를 디지털 신호로 바꾸어 저장하고, 컴퓨터를 통해 로봇에게 명령을 내리는 거야.

EEG 헬멧을 쓰고, 멀리서도 생각만으로 로봇의 팔과 다리를 움직이고, 로봇이 만지는 것을 내가 느끼고, 로봇이 보는 것을 내가 볼 수 있어.

원격 현존 로봇으로 무엇을 할 수 있을까?

소방관 대신 로봇을 화재 현장에 보내. 소방관은 편안하게 소방차에 앉은 채로 화염 속에서 사람을 구해. 과학자라면 해저를 탐사하거나 달에 갈 수도 있지. 우주 비행사는 편안히 지구에 앉아서 생각만으로 로봇을 시켜 달을 탐사해. 우주 비행사가 멀리 외계 행성을 탐사하러 떠난다면, 위험한 곳에 직접 내릴 필요가 없어. 착륙선에 로봇을 실어 보내고, 우주 비행사는 우주선에 남아 생각으로 로봇을 움직이며 행성을 탐사해.

> **원격 현존 로봇**이 값싸게 많이 시장에 나온다면 가전제품처럼 누구나 로봇을 사게 될 거야.

원격 현존 로봇을 가장 잘 사용할 사람은 누굴까? 아무도 집에 없을 때 로봇이 집에 있다면 할 수 있는 일이 아주 많아. 택배 기사가 배달을 온다면, 언제든 로봇을 통해 문을 열고 물건을 받아. 아니 그때쯤이면 택배 기사가 아니라 택배 드론이 오겠지? 로봇이 로봇에게 문을 열어 주는 거네. 엄마와 아빠가 회사에서 일을 하는 동안 집안 청소를 할 수도 있어. 만약 에어컨을 설치해 주는 기사가 오기로 했다면 집에서 기다릴 필요가 없지. 공원을 산책하거나 친구를 만나면서도 에어컨을 설치하고 기사에게 친절하게 인사도 건넬 수 있을걸.

강아지를 혼자 두고 가족이 멀리 여행을 갈 수도 있어. 그럼 하와이에서도 강아지에게 밥을 주고, 장난을 치고, 산책을 시킬 수 있을 거야. 물론 강아지에게는 엄청나게 혼란스러운 일이겠지만 말이야.

20

로봇이 인간이 되는 걸가?
인간이 로봇이 되는 걸가?

어쩌면 미래에는 헬멧을 쓰고 로봇을 원격 조종할 필요가 없을지도 몰라.

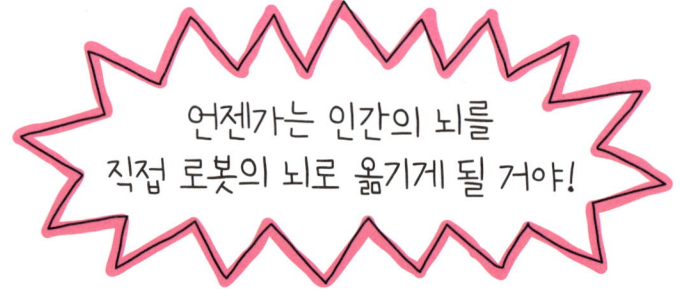

언젠가는 인간의 뇌를 직접 로봇의 뇌로 옮기게 될 거야!

영화에 나오는 로봇들처럼 강하고 멋진 로봇의 몸에 나의 뇌를 업로드해!
뇌를 업로드하는 수술을 받고 싶다면 로봇 옆에 가만히 누워 있기만 하면 돼. 로봇 외과 의사가 나타나 마취를 하고, 머릿속을 열고, 뇌의 전기 신호를 고스란히 트랜지스터로 옮겨. 로봇의 몸에 나의 뇌를 이식하는 거야. 트랜지스터로 복제된 뇌를 가지고 나의 뇌가 로봇 속으로 들어가!

컴퓨터 칩 속에 담겨진 뇌는 나의 원래 뇌보다 백만 배 빠르게 정보를 처리하게 될 거야. 우리는 컴퓨터보다도 더 수학을 잘하게 될 거야. 아무것도 외우려고 애쓸 필요가 없어. 우리의 뇌가 언제, 어디서나 인터넷에 연결되고 필요한 정보를 자신의 뇌로 직접 다운로드하는 거야. 생각만으로 전 세계와 모든 사람들과 연결돼. 우리의 뇌가 슈퍼컴퓨터가 되는 거야!

1초에 몇 십 조씩 계산을 할 수 있고, 모든 것을 알고, 모든 것을 기억하는 기계의 뇌 속에서는 무슨 일이 일어날까? 기계 지능이 생각하고, 기계 지능이 보는 세상은 어떤 것일까? 꽃과 별이 사고를 하고 있다고 누군가 우리에게 말해 줘도 우리가 결코 이해하거나 상상할 수 없는 것처럼, 우리는 기계 지능의 세계를 이해할 수도, 상상할 수도 없을 거야. 우리는 한정된 능력으로 3차원 공간과 1차원 시간 속에 살아. 먼 미래의 인류도 그럴까?

인공 지능 과학자는
인간이 결국 사이보그로
진화하게 될 것이라고
믿고 있어.

인간 ➔ 사이보그

오스트랄로피테쿠스가
호모 사피엔스로 진화했듯이,
인간은 언젠가
기계의 몸을 입고
사이보그로 변해 갈
거라는 거야.

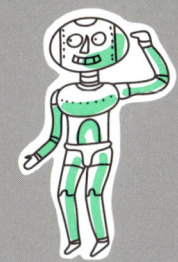

먼 훗날 인류의 후손은 인류가 '말'이라는 바보 같은 소음을 주고받으며 답답하게 대화를 했다는 사실에 놀라게 될지도 몰라. 인류에게 어떤 세상이 기다리고 있을까?

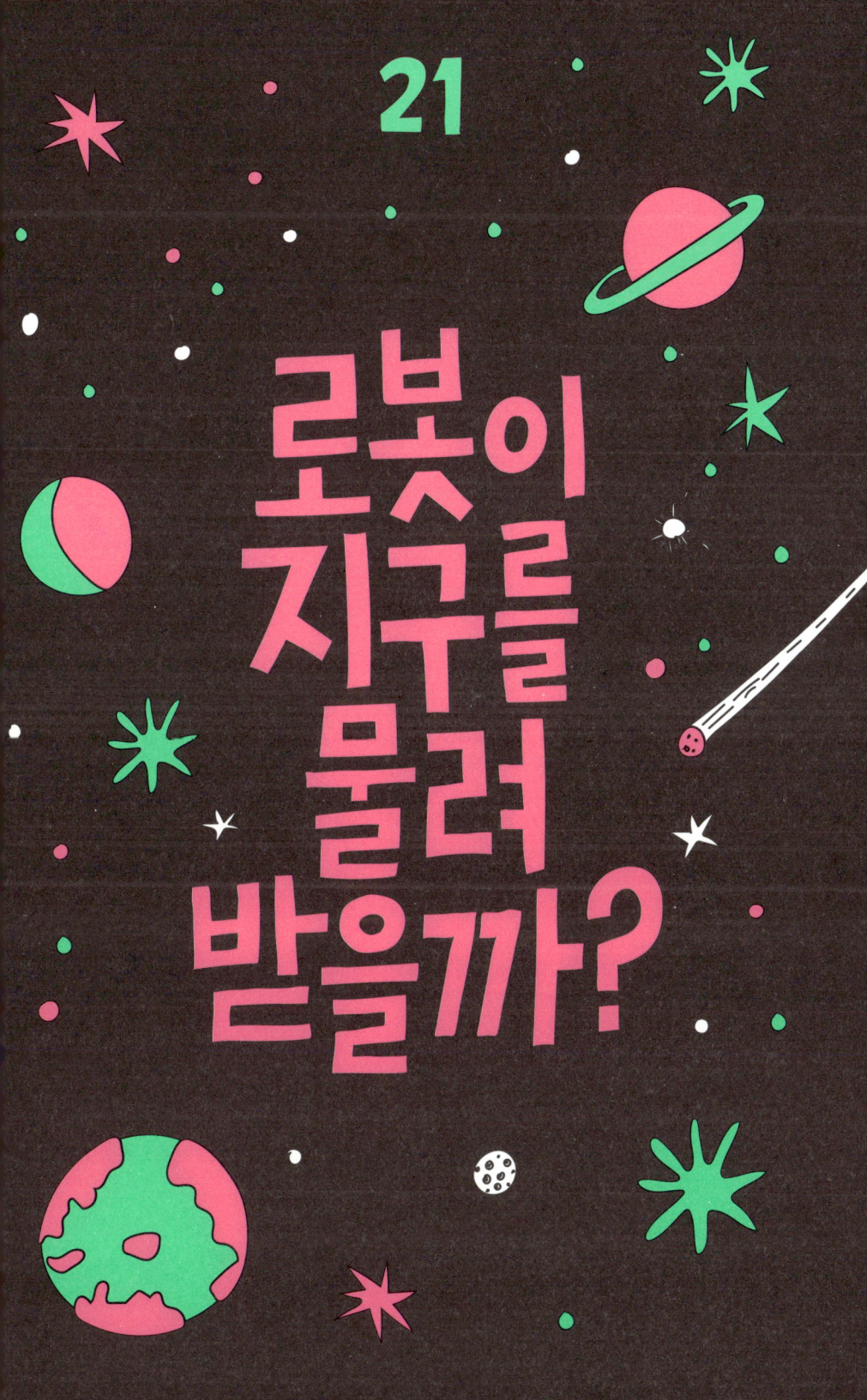

사이보그는 필요 없어. 어쩌면 로봇에게 진정한 인공 지능이 생겨날지 몰라.

인공 지능 과학자들은 강력한 인공 지능을 탑재한 로봇이 스스로 사람처럼 생각하고 의식을 가지게 될 거라고 믿고 있어. 스스로 학습하는 인공 지능이 스스로 진화하여 어느 날 갑자기 무슨 일인가가 일어나. 컴퓨터에게 진정한 '지능'이라고 부를 만한 것이 저절로 생겨난다는 거야.

먼 옛날 인간의 뇌 속에서 언제 어떻게 무슨 일이 일어났기에 인간이 생쥐나 원숭이를 뛰어넘어 지금의 인류가 되었는지, 인간에게 언제부터 지능이 생겨났는지 아무도 모르는 것처럼 인공 지능도 그렇게 나아갈 거라는 거야.

그런 인공 지능이라면 당연히 인간의 지능을 뛰어넘어 진화해. 컴퓨터가 사람처럼 생각하고 사람처럼 사고할 수 있다면, 인간의 뇌는 결코 컴퓨터의 기억 용량과 정보 처리 속도를 따라갈 수 없어.

그런 날이 정말로 온다면 인간은 로봇의 생각을 알 수 없게 될 거야. 로봇이 무슨 생각을 하는지, 어떻게 생각하는지, 로봇의 의식 속에서 무슨 일이 일어나는지 로봇이 말해 주지 않는다면 말이야.

오랜 세월이 흐른 어느 날, 지능이 있고 의식이 있고 스스로 판단할 수 있는 **강한 인공 지능**이 등장한다면, 로봇에게 인간이 어떻게 보일까?

로봇에게 인간은 별로 쓸모없게 보일지도 몰라!
'인간이 왜 지구에 있어야 하지?'
'에너지를 많이 쓰고, 쓰레기를 많이 만들잖아.'

어느 날 로봇이 지구를 위해서라면 인간이 없는 게 좋겠다고
결론을 내릴 수도 있어.
1942년에 물리학자이자 공상 과학 작가였던 아시모프는
로봇이 등장하는 소설 속에서 '로봇 3원칙'을 세웠어.
하지만 인간보다 더 똑똑해진 로봇이 로봇 3원칙을 마음에
들어 할까?

로봇이 이렇게 물어볼 수도 있잖아. 그럼 인간은 로봇에게
인간이 왜 지구에 필요한지, 로봇에게도 우리가 있는 편이
훨씬 좋다고 설명해 줄 수 있을까?
로봇이 인간을 해치지 않기를 바라지만, 로봇이 인간을
지구에서 쓸어버리기로 결정한다면, 인류는 로봇에게 지구를
물려주고 떠나야 할지 몰라. 지난 100년 동안에 인류가
수많은 생물 종을 지구에서 영원히 몰아내 버렸듯이!

아시모프의 로봇 3원칙

1 로봇은 인간을 해치지 않는다.

2 로봇은 인간의 명령에 복종한다.

3 로봇은 스스로를 해치지 않는다.

인간보다 똑똑해진 로봇은 어떤 길을 걷게 될까? 어쩌면 로봇은 어마어마한 컴퓨터 성능으로 우리가 상상할 수 없을 정도의 무한한 경험과 지식과 지혜를 쌓아서 훌륭한 판단을 내리게 될까? 예의 바르고 똑똑하고 성자 같은 로봇이 될까? 아니면 로봇의 마음속에도 끝없는 욕구와 탐심이 생겨나, 지구의 자원을 모두 고갈시키고 우주로 진출할까? 똑똑한 로봇이 더 똑똑한 로봇을 만들어 내고, 더 똑똑한 로봇의 후손이 더 똑똑한 로봇의 후예를 만들어 낸다면 로봇은 우주가 모자랄지 몰라!

과학자는 상상해.

어쩌면 우주에는 수많은 우주가 있고,

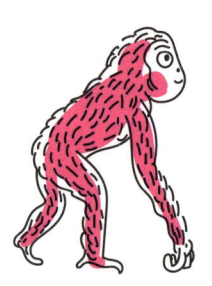

우주 어딘가에 있을지도 모르는 지적 생명체는

그렇게 진화한

'기계 지능'이 아닐까 하고!

로봇이 지구를 물려받을까?
그렇다.
하지만 그들 역시 우리의 아이들이다!

-1993, 마빈 민스키-

참고 문헌

케빈 워릭, 《로봇의 행진》, 한승, 1999

페이스 달루이시오, 피터 멘젤, 《새로운 종의 진화, 로보사피엔스》, 김영사, 2002

케빈워릭, 《나는 왜 사이보그가 되었는가》, 김영사, 2004

김문상, 《로봇 이야기》, 살림출판사, 2005

로드니 A. 브룩스, 《로드니 브룩스의 로봇 만들기》, 바다출판사, 2005

아녜스 기요, 장아르카디 메이에르, 《인간과 똑같은 로봇을 만들 수 있을까?》, 민음in, 2006

홀크 크루제, 박승재, 《로봇 테리 이야기》, 프로네시스, 2006

레이 커즈와일, 《특이점이 온다》, 김영사, 2007

클라이브 기포드, 《어떻게 로봇을 만들까?》, 사이언스북스, 2007

이노우에 히로치카, 《로봇, 미래를 말하다》, 전자신문사, 2008

한스 모라벡, 《마음의 아이들》, 김영사, 2011

미치오 카쿠, 《미래의 물리학》, 김영사, 2012

전승민, 《휴보이즘: 나는 대한민국 로봇 휴보다》, 엠아이디, 2014

카렐 차페크, 《로봇, 로숨의 유니버설 로봇》, 모비딕, 2015

조던 D 브라운, 《로봇의 세계: 로봇 설계자 신시아 브라질》, 해나무, 2016

전승민, 《휴보, 세계 최고의 재난 구조 로봇》, 예문당, 2017

미래가 온다 시리즈는 공상이 아닌 과학으로 미래를 배우는 어린이 과학 교양서입니다.

01 **미래가 온다, 로봇**
김성화·권수진 글 | 이철민 그림

02 **미래가 온다, 나노봇**
김성화·권수진 글 | 김영수 그림

03 **미래가 온다, 뇌 과학**
김성화·권수진 글 | 조승연 그림

04 **미래가 온다, 바이러스**
김성화·권수진 글 | 이강훈 그림

05 **미래가 온다, 인공 지능**
김성화·권수진 글 | 이철민 그림

06 **미래가 온다, 우주 과학**
김성화·권수진 글 | 김영곤 그림

07 **미래가 온다, 게놈**
김성화·권수진 글 | 조승연 그림

08 **미래가 온다, 인공 생태계**
김성화·권수진 글 | 김진화 그림

09 **미래가 온다, 미래 에너지**
김성화·권수진 글 | 이철민 그림

10 **미래가 온다, 서기 10001년**
김성화·권수진 글 | 최미란 그림

11 **미래가 온다, 플라스틱**
김성화·권수진 글 | 백두리 그림

12 **미래가 온다, 기후 위기**
김성화·권수진 글 | 허지영 그림

13 **미래가 온다, 신소재**
김성화·권수진 글 | 권송이 그림

14 **미래가 온다, 스마트 시티**
김성화·권수진 글 | 원혜진 그림

15 **미래가 온다, 매직 사이언스**
김성화·권수진 글 | 백두리 그림

16 **미래가 온다, 심해 탐사**
김성화·권수진 글 | 김진화 그림

17 **미래가 온다, 탄소 혁명**
김성화·권수진 글 | 백두리 그림

18 **미래가 온다, 메타버스**
김성화·권수진 글 | 이철민 그림

19 **미래가 온다, 미래 식량**
김성화·권수진 글 | 박정섭 그림

20 **미래가 온다, 대멸종**
김성화·권수진 글 | 이철민 그림